了不起的中国历史人物

长安/编著
舒春 刘向伟/绘

写给孩子的
文学大家

CHISO
新疆青少年出版社

图书在版编目（CIP）数据

写给孩子的文学大家 / 长安编著；舒春，刘向伟绘. -- 乌鲁木齐：新疆青少年出版社，2023.11

（了不起的中国历史人物）

ISBN 978-7-5590-9961-7

Ⅰ.①写… Ⅱ.①长… ②舒… ③刘… Ⅲ.①作家-生平事迹-中国-古代-青少年读物 Ⅳ.① K825.6-49

中国国家版本馆 CIP 数据核字 (2023) 第 202190 号

了不起的中国历史人物
写给孩子的文学大家
Xiegei Haizi De Wenxuedajia

长安 / 编著　舒春　刘向伟 / 绘

出 版 人：徐　江
策　　划：许国萍　张红宇　　责任编辑：张红宇　尚志慧　　助理编辑：胡伟伟
装帧设计：舒　春　　　　　　美术编辑：邓志平
法律顾问：王冠华 18699089007

出版发行：新疆青少年出版社有限公司
地　　址：乌鲁木齐市北京北路 29 号（邮编：830012）
网　　址：http://www.qingshao.net
经　　销：全国新华书店
印　　制：天津博海升印刷有限公司
开　　本：710mm×1000mm 1/16
印　　张：10.5
版　　次：2023 年 11 月第 1 版
印　　次：2023 年 11 月第 1 次印刷
印　　数：1-5 000 册
字　　数：88 千字
书　　号：ISBN 978-7-5590-9961-7
定　　价：38.00 元

制售盗版必究　举报查实奖励：0991-6239216　　版权保护办公室举报电话：0991-6239216
服务电话：010-58235012　010-84853493　　　　如有印刷装订质量问题 印刷厂负责调换

了不起的中国历史人物
文学大家

目录

序

- 【战国】屈原 002
- 【西汉】司马相如 016
- 【东晋】陶渊明 026
- 【唐朝】李白 038
- 【唐朝】杜甫 052
- 【唐朝】韩愈 064
- 【唐朝】白居易 078
- 【北宋】苏轼 092
- 【南宋】陆游 108
- 【南宋】辛弃疾 120
- 【清朝】蒲松龄 132
- 【清朝】曹雪芹 146

序

(马勇，中国社会科学院近代史研究所研究员)

早些天，张弘先生发来这套书稿，嘱我为之撰写序言。

这套"了不起的中国历史人物"丛书是新疆青少年出版社承担的"十四五国家重点出版物"出版项目。据出版者介绍，全套书共八册，以故事的方式介绍了在中华民族历史长河中曾作出杰出贡献的几十位历史人物，他们涉及文史哲、政经法，以及科学、艺术等诸多领域，读者对象为广大的少年儿童。翻阅书稿，自己竟然沉浸其中。流畅的文字、严谨的结构、清晰的叙事及可信的史料，构成了这套书的基本面貌和上乘品质，多幅生动的插画进一步提升了阅读感受，相信会受到少儿读者的欢迎。

如何向少年儿童讲述中国历史，一直是摆在历史学家面前的难题。过去几十年，学术界做过不少探索，成绩固然可喜，但其中的不足与教训也值得反思：

一是写作者低估阅读者的知识水平和鉴赏力，具体体现为作品立意与格调不高、文字表述不够严谨、过于口语化和网络语言化、内容缺乏史料支撑且野史当道。这种看似迎合读者的做法，其实是对读者的不尊与伤害。多年来，我不懈地建议那些立志向青少年普及中国历史知识的作者们，一定要用平等的视角尊重对待青少年读者，一定要相信新一代读者的知识储备与阅读能力，一定要在作品上下足功夫，因为我很清楚，少儿知识读物的创作，其难度大于成人读物，优秀的儿童知识读物作家，一定是能够把专业知识吃透，并能够用通俗易懂的方式进行讲解的学术大家，例如吴晗、林汉达等。所以，少儿知识读物的创作者需始终保持敬畏的心态，去了解你的读者、尊重你的读者，全心全意为他们服务，只有这样，你的作品才能赢得小读者的青睐。

二是讲述与呈现的方式方法有待提高。中国历史知识的大众化、普遍化，并不是我们这几十年才有的课题，甚至可以说是中国历史学的永恒主题。司马迁的《史记》就不必说了。宋元以来，伴随经济和城市的发展，大众化的历史读物深刻影响了中国人的历史观，这些读本流传至今，依然经久不衰。例如三国故事、隋唐故事，以及不胜枚举的话本、唱词和历史小说。这些作品潜移默化地让读者在不经意中记住了历史，记住了典故，丰富了历史知识，建构了自己的历史观，这些经验都值得新一代历史书写者去揣摩、消化、发展与创新。

"了不起的中国历史人物"的写作者正是汲取了以往此类图书创作的经验和教训，并基于自己的学识背景，结合对中国历史人物最新的史料研究成果，采用了较易贴合少儿读者接受能力和阅读兴趣的形式，把中国历史上的这些了不起的人物用深入浅出的方式一一道来。我以为这种方式和方法是正确的，值得深入研究并予以推广。

　　此外，我颇为赞同的是这套书的系列名——"了不起的中国历史人物"，它直白地宣示了我们对中国历史的尊重。尊重先人的贡献，就是尊重我们自己的历史。中国历史学强调为尊者讳，就是告诉后人，要充满温情与敬意去看待自己祖先的功绩。只有记住了那些"了不起"，才会增进我们的民族自豪感，激活内心的创造动能。历史是一个接力过程，也是一代又一代人接续奋斗的历程。重温中国历史上那些"了不起"的人物，必会增添后人追慕祖先、继续奋斗的勇气与力量。

　　与亲爱的读者共勉，是为序。

历史是一门常说常新的学问,历史研究是主观性极强的一门学问,除了史料,研究者的经验、阅历、知识、视野,都在制约或影响历史的复原。

姓名 / 屈原

名 / 平

字 / 原

朝代（时期）/ 战国

出生地 / 楚国丹阳秭归（今湖北宜昌）

出生年代 / 约公元前 340 年

逝世年代 / 公元前 278 年

主要成就 / 中国浪漫主义文学的奠基人，开创了"楚辞"这一新体诗

代表作品 /《离骚》《九歌》《九章》《天问》

屈原，中国浪漫主义文学的奠基人、伟大的爱国诗人。他出身贵族，学识渊博，忧国忧民，虽然多次遭遇排挤和放逐，却在楚国被攻破后愤而投江，以身殉国。屈原一生留下《离骚》《九歌》《九章》《天问》等多部作品，这些作品以其优美的语言、天马行空的想象、炽烈的爱国热忱深深地感染着后人。

战国时期楚国人，
出身贵族，学识渊博。

力主改革，选贤任能，
以求富国强兵。

屡遭排挤，多次被贬，
最终被逐出国都。

满腹愤懑，诉诸笔端，
创作《离骚》《天问》。

得知楚国都城被秦军攻破，
在痛苦失望中投江自尽。

了不起的中国历史人物

力主改革

屈原，名平，字原，战国时期楚国人，是楚武王之子屈瑕的后代。屈原自幼聪敏好学，志向高远，以国家繁荣强盛为己任。

当时的楚国占据着长江两岸富饶广袤的土地，物产丰富，农业发达，国力十分强盛。而此时的秦国，在几代国君的励精图治下，也成为七国中非常强大的一个。

屈原认识到秦国日渐强大可能带给楚国的危机，因而多次向怀王进谏，表达了自己对于天下局势的看法和担心："大王，如今天下七国，我们楚国和西方的秦国、东方的齐国毫无疑问是最强大的。但是秦国野心勃勃，时刻想吞并其他六国，我们正处在危机之中啊！"楚怀王丝毫没将屈原的担忧放在心上："我们楚国兵强马壮，难道还会害怕它不成？"

屈原看到楚怀王这样的态度，继续劝说道："秦国非常狡诈。它采取的策略是先挑拨离间六国的关系，再一个个

004

文学大家

下手击破。现在,我们楚国的北面和西面都面临着危险,在这种局势下,只有联合齐国才是唯一的自保之法。"

楚怀王听完这番话,若有所思地点点头。屈原看到怀王有所动容就立刻进一步劝说:"除了联合齐国,我们自己也要进行一些改革,限制特权,重用人才,这样才能进一步增强国力,在抵御强大的秦国时才能多一些胜算。"

在屈原坚持不懈的进言下,楚怀王终于接纳了他的意见,封他为左徒,兼管内政外交大事。此期间,屈原进行了变法改革,制订并出台了各种法令,并与齐国建立了联盟。

屡遭贬谪

然而，屈原的改革之路走得异常艰难。他提倡改变楚国的旧秩序，剔除国君身边奸猾无能的人，选贤任能，富国强兵。这样的措施直接侵害到了把持国家大权的王公大臣们的利益。于是，他们开始沆瀣一气，在楚怀王面前诋毁屈原，想尽一切办法阻挠屈原改革。楚怀王在这些谗言的挑拨下，开始渐渐疏远屈原。就这样，屈原失去了在朝堂中最值得倚仗的助力，最终，他的改革理想也成了梦幻泡影。

此时的秦国，正如屈原所说，吞并六国、一统天下才是它的终极目标。因而，齐楚两国的结盟就成了它统一六国路上的障碍。为了破坏这个局面，秦国想出一个法子。

他们派出丞相张仪出使楚国。张仪是个智计百出的人。他到达楚国后，并没有着急去见楚怀王，而是先向楚怀王的宠妃郑袖、公子子兰、上官大夫靳尚等人进献大量贵重的礼物，让他们在楚怀王面前多为秦国说话，动摇他与齐国结盟的决心。接着，张仪在正式面见楚怀王的时候承诺，只要楚国与齐国断交，秦国就送给楚国六百里的土地。

楚怀王听了十分高兴，下令大摆宴席招待张仪。屈原得知这件事后忧心如焚，他闯进王宫，苦口婆心地劝告楚

文学大家

怀王："大王万万不能相信张仪的话，一旦我们和齐国断交，秦国一定会趁机攻打我们的！"

但是，此时的楚怀王根本听不进屈原的忠告。他暗自庆幸，不费一兵一卒就能得到六百里土地。他被这种喜悦冲昏了头脑，敷衍了几句，就把屈原打发走了。

而事情的发展果真如屈原所料。在楚国与齐国断交后，秦国矢口否认当初许下的诺言，拒不交接土地。楚怀王愤怒至极，决定出兵秦国，但秦国早就做好了打仗的准备。楚国匆匆发兵，反被秦军一举击溃，丧失了自己在汉中的六百里土地。

楚怀王气怒交加，想到当初没有听从屈原的劝谏，更是后悔不迭。他决定重新启用屈原，让他出使齐国，恢复两国联盟，共同抵御秦国。屈原丝毫没有介意楚怀王之前对他的不信任，毅然接下这个艰巨的任务。

秦国得知这个消息后，急忙商讨对策。他们再度向楚国派遣使者，许诺愿意归还一半土地，与楚国结盟。楚怀王又被优厚的条件打动。但是，他对张仪恨之入骨，扬言一定要张仪的脑袋才能消解他心头之恨。

张仪听到使者带回的消息后并不惊讶。他知道楚怀王不会放过他，早就想好了应对之策。于是，张仪再度来到楚国，被楚怀王关进了大狱。此时，曾经被张仪买通的楚

国大臣靳尚又一次搞起小动作。他找到楚怀王的宠妃郑袖，告诉她秦国打算给楚怀王进献美女来换回张仪。郑袖害怕失宠，于是每天在楚怀王面前甜言蜜语，大献殷勤，终于哄得他释放了张仪。

此时，身处齐国的屈原，在费尽唇舌后终于使得齐王回心转意，恢复了齐楚联盟。他听说楚怀王并没有杀掉张仪，只是把他关进了大狱，生怕再发生什么变故，急忙赶了回去。到了郢都，他顾不得歇脚，即刻求见楚怀王，并提议说："大王，齐王已经接受建议，同意和我国结盟。为了稳固齐楚联盟，您一定要杀掉张仪，以免齐王产生疑心啊！"

楚怀王一听，这才明白过来，连忙派人去捉拿张仪。但是张仪怎么会给他这个机会呢！他已经连夜逃回了秦国。楚怀王后悔不已。

张仪平安回到秦国的消息传到齐国，齐王对楚怀王的行为非常不满。从此以后，齐楚联盟名存实亡。

屈原的努力又一次化为泡影，他很痛心。没过多久，秦国再次以重金为饵收买楚国，不记教训的楚怀王竟然再次动心。屈原几次劝谏，却招来楚怀王的厌恶，最终被罢免官职，流放到汉北一带。

屈原满腹愤懑无处发泄，只得诉诸笔端。他写下一篇

文学大家

又一篇奇美的诗歌，诉说着他的抱负和不平。其中影响最大的就是千古名作——《离骚》。

《离骚》是一首抒情长诗，全诗共373句，围绕着揭露官场黑暗，谴责佞臣无良，抒发报国无门的情感等中心思想展开。词句优美，意象开阔，气势宏大，是屈原爱国热忱的集中体现。千古绝唱《离骚》留下了非常多的名句，例如，

"路曼曼其修远兮，吾将上下而求索。"

"亦余心之所善兮，虽九死其犹未悔。"

值得敬佩的是，这样坎坷的经历并没有压垮屈原的意志，也丝毫没有浇熄他炽烈的爱国之情。流放数年后，屈原被楚怀王召回郢都，他没有任何怨言，继续尽心竭力地为楚怀王出谋划策。

没过多久，楚怀王听信了公子子兰和靳尚的怂恿，要去武关与秦国结盟。屈原意识到楚怀王这一去肯定会落入秦国的圈套，于是苦苦劝说道："大王，这次会盟，秦国不怀好意，万万不能去啊！"但是，楚怀王仍然没有听从他的建议，动身离开了郢都。到达武关后，秦国让人装扮成秦王，诱骗楚怀王单独赴宴，最终抓住他，并将他带到秦国的国都咸阳软禁起来。最终，楚怀王在悔恨交加中一病不起，离开了人世。

噩耗传来，屈原感到万分激愤。他向新任国君楚顷襄王上表，痛陈公子子兰和靳尚收受贿赂、里通外国的卑劣行径，希望惩治这两个小人，同时趁国民同仇敌忾、众志成城的机会，与齐国联合，攻打秦国。但令人失望的是，楚顷襄王也是一个昏庸的君主。他非但不相信屈原所说的话，还听信公子子兰和靳尚的挑拨，认为屈原的奏表是在指责他懦弱无能，不为楚怀王报仇。因此，他勃然大怒，罢免了屈原的一切官职，并将他逐出郢都。

屈原满心悲怆地离开了。他看着渐行渐远的都城，预感到国家即将倾覆的命运。

《天问》

屈原被逐出郢都后一直过着流浪的生活。他心中忧郁，有太多太多的不甘和困惑。他不明白，为什么正直无私、为国家呕心沥血的官员得不到重用，不学无术、里通外国的奸臣却能左右逢源，扶摇直上。有一次，他遇到了负责占卜的官员，在和他聊天时，屈原说出了自己的疑问。

"我一直清正自持，但是现实的际遇让我痛心疾首。难道真的只有和那些人一样才是正确的吗？但我们的国家已经被他们糟蹋得不成样子了啊！"

文学大家

占卜官被他问得哑口无言，只能说："大人啊，这不是占卜能够解决的问题。您做事只要对得起自己的良心就可以了。"

屈原还是没有被说服。他带着疑问继续上路，这些不可解的困惑令他越来越苦恼。最终，他写下一篇文章，这就是著名的《天问》。在这篇文章中，屈原向上天提出许多问题，天上地下，从古到今，人情冷暖，世事悲欢，他的问题无所不包。这些问题展现出他无尽的想象，同时，也是屈原为自身的坎坷经历和国家颓败境况发出的呐喊。

投江殉国

没出几年，屈原在流浪中听到了令他心碎欲绝却也在

意料之中的消息：秦国大举进攻楚国，楚军大败，十几万军民丧命。整个楚国境内人心惶惶，四处都是逃难的人们。屈原看到这样的情景，决定回到郢都，劝说楚顷襄王振奋精神，与秦军对战到底。然而，当他回到郢都时，这座昔日繁华富庶的都城给了他当头一击——街市冷冷清清，人家三三两两。而楚顷襄王，这位本应坚守王城的一国之君，早已带着他的亲信扈从弃城而逃了。

屈原最后的一丝希望也幻灭了！国破家亡，他的一腔报国热忱最终只能在流离的放逐生涯中，化为挥洒不尽的泪水和声嘶不竭的呐喊，吟诵成延绵不绝的悲壮诗篇。

痛苦、绝望的屈原漫无目的地沿着湘江独行。走到汨罗江畔的时候，一位老人认出了屈原，对他的境遇感到非常惊讶。

"大人，您为何如此失魂落魄？"

屈原怀着满腔愤怒说道："朝廷里从上到下都是黑暗的，那些肮脏的官员不管国家死活。我不与他们为伍，就落得这个下场。现在，国家被他们毁掉，一切希望都没有了！"

老人长叹一声，劝屈原说："世界都是黑的，您清清白白的又有什么用呢？不如就装作不知道，混混日子算了。"

屈原严肃地说："他们是他们，我是我。我是坚决不会和他们同流合污的。哪怕是要跳入这浑浊泥泞的江水之中，

文学大家

我也要保持着一身清白，对得起自己的良心。"

此后不久，屈原就投入汨罗江殉国了。人们得知这个消息后，纷纷划船到江中，想要打捞他的尸身，将他安葬。为了防止他的遗体被鱼虾啃咬，人们还向江中丢下许多饭团。

据传，屈原投江的日子是农历五月初五，为了纪念他，每年的这一天人们都要把船划到江中，并制作类似饭团的食物，久而久之，便形成了划龙舟、吃粽子的传统。这就是端午节的由来。

主要成就

屈原创立了"楚辞"这一新诗体。《楚辞》运用楚地的文学样式、方言声韵和风土人情等进行表达，具有浓厚的地方色彩，对后世影响深远。《楚辞》对整个中国文化系统有着不同寻常的意义，特别是在文学方面，它开创了中国浪漫主义文学诗篇的先河，诗歌、小说、散文、戏剧也都渗透着它的艺术精髓。

〔战国〕屈原　〔西汉〕司马相如　〔东晋〕陶渊明　〔唐朝〕李白　〔唐朝〕杜甫　〔唐朝〕韩愈　〔唐朝〕白居易　〔北宋〕苏轼　〔南宋〕陆游　〔南宋〕辛弃疾　〔清朝〕蒲松龄　〔清朝〕曹雪芹

作品欣赏

离骚（节选）

长太息以掩涕兮，哀民生之多艰。

余虽好修姱(kuā)以鞿(jī)羁兮，謇(jiǎn)朝谇(suì)而夕替。

既替余以蕙纕(xiāng)兮，又申之以揽茝(chǎi)。

亦余心之所善兮，虽九死其犹未悔。

怨灵修之浩荡兮，终不察夫民心。

众女嫉余之蛾眉兮，谣诼(zhuó)谓余以善淫。

固时俗之工巧兮，偭(miǎn)规矩而改错。

背绳墨以追曲兮，竞周容以为度。

忳郁邑余侘(chà)傺(chì)兮，吾独穷困乎此时也。

宁溘死以流亡兮，余不忍为此态也。

鸷(zhì)鸟之不群兮，自前世而固然。

何方圜(yuán)之能周兮，夫孰异道而相安？

屈心而抑志兮，忍尤而攘诟(gòu)。

伏清白以死直兮，固前圣之所厚。

悔相道之不察兮，延伫乎吾将反。

回朕车以复路兮，及行迷之未远。

步余马于兰皋(gāo)兮，驰椒丘且焉止息。

进不入以离尤兮，退将复修吾初服。

制芰(jì)荷以为衣兮，集芙蓉以为裳。

不吾知其亦已兮，苟余情其信芳。

高余冠之岌岌兮，长余佩之陆离。

芳与泽其杂糅兮，唯昭质其犹未亏。

忽反顾以游目兮，将往观乎四荒。

佩缤纷其繁饰兮，芳菲菲其弥章。

民生各有所乐兮，余独好修以为常。

虽体解吾犹未变兮，岂余心之可惩。

姓名 / 司马相如

字 / 长卿

朝代（时期）/ 西汉

出生地 / 蜀郡成都（今属四川）

出生年代 / 约公元前179年

逝世年代 / 公元前118年

主要成就 / 汉赋四大家之一，被誉为"赋圣""辞宗"

代表作品 /《子虚赋》《上林赋》《长门赋》

司马相如,字长卿,西汉文学家,尤其擅长辞赋,是汉赋的代表作家之一。他的作品辞藻富丽,结构宏大,代表作品有《子虚赋》《上林赋》《长门赋》等。鲁迅曾在《汉文学史纲要》中评价道:"武帝时文人,赋莫若司马相如,文莫若司马迁。"

 少有才名,读书练剑样样精通。

 与辞赋大家钻研文章,创作名篇《子虚赋》。

 奉旨创作《上林赋》,名动天下。

 拜中郎将,持节出使。

伍 病逝家中,留下绝笔《封禅书》。

了不起的中国历史人物

声名大噪《子虚赋》

　　关于司马相如的名字，有一个有趣的小故事。古时候，人们认为取一个"贱名"不会伤害孩子的福报，可以保佑孩子健康平安地长大。司马相如的父母也不能免俗，于是给他取名叫作"犬子"。随着年纪渐长，司马相如开始读书识字，觉得"犬子"这个名字不好听，加上他非常仰慕战国时期赵国名相蔺相如，所以没过几年，他就把自己的名字改成了"相如"，并一直使用了下去。当时的他想必不会知道，"犬子"这个名字会随他一起被历史永久地记住，并且在漫长的时光变迁中，改变了原本的语义，成了父母对自己儿子的一种谦称。

　　少年时代的司马相如就显露出不凡的才华，读书、练

文学大家

剑样样精通。二十多岁时，家里用钱帮他在朝廷里换取了一个郎官的职位，担任武骑常侍。但这并非司马相如所好，他喜好辞赋，希望能和文人墨客结交。而汉景帝对诗词歌赋不感兴趣，身边也没有这些专门的人才。一身才学无处施展，司马相如深以为憾，并为遇不到知音而感叹。直到有一次，梁孝王刘武进京朝见汉景帝，随行的还有邹阳、枚乘(shèng)、庄忌等有名的辞赋家。司马相如终于有机会与这些辞赋家互通有无，切磋文笔。不久，他辞去官职，来到梁地，与这些志趣相投的文友一起共事。他们同寝共食，一起研究文墨，钻研文章。司马相如因此获益良多，创作出很多作品，最有名的当数《子虚赋》。

《子虚赋》描写的是出使齐国的楚国使者子虚和齐国大臣乌有先生之间的一场对话。文中子虚绘声绘色地讲述了楚王游猎的盛景，极力彰显楚国国力的强盛，而乌有先生则有着不同的观点，对这种骄奢淫逸的行为进行了批驳。文章最终归结于讽谏主题，并揭示出大肆铺张的危害。这篇文章衍生出成语"子虚乌有"，用以形容不存在的事情。

《子虚赋》辞藻华美，气势磅礴，迅速流传开来，使得司马相如声名大噪。

［战国］屈原　［西汉］司马相如　［东晋］陶渊明　［唐朝］李白　［唐朝］杜甫　［唐朝］韩愈　［唐朝］白居易　［北宋］苏轼　［南宋］陆游　［南宋］辛弃疾　［清朝］蒲松龄　［清朝］曹雪芹

加官晋爵《上林赋》

梁孝王刘武去世之后，司马相如离开梁地，回到老家四川，生活得很清苦。临邛令王吉听说了他的情况，邀请司马相如道："你常年背井离乡在外，仕途也不怎么顺利，如果生活上有什么困难，可以来我这里。"司马相如接受了王吉的好意，在临邛都亭住了下来。

一个偶然的机会，汉武帝读到了司马相如的《子虚赋》。与汉景帝不同的是，汉武帝很喜爱文学。他对这篇文章大加赞赏，以为是古人之作，并为不能与作者同时代而感到深深的遗憾。见此情景，一名叫杨得意的内侍站出来对汉武帝说："陛下，您不用遗憾，这篇文章的作者司马相如与我是同乡，他还在人世呀！"汉武帝十分惊喜，立即下令将司马相如召来京城。

司马相如得知汉武帝读了《子虚赋》，并对他的才华欣赏有加之后，不无得意地说："《子虚赋》写的不过是诸侯打猎的事，也没什么了不起的。如果能够陪陛下游猎，我就可以为陛下献上一篇写天子打猎的赋，一定比《子虚赋》写得还要好。"

汉武帝听了不禁大喜过望，马上命人为司马相如安排住处，给他提供优越的待遇，并且第二天就带着他去了皇

文学大家

家园林——上林苑游猎。司马相如不负所望，几天后就写出一篇《上林赋》，呈交给了汉武帝。这是一篇延续了《子虚赋》风格的作品，依旧依托上篇中的人物展开对话，在问答交谈间巧妙地描绘了上林苑宏大的规模，细致地讲述了天子携众臣子游猎的壮观场景。整篇文章气势昂扬恢宏，文辞华美流丽，淋漓尽致地展现了盛世王朝的堂皇气象。

汉武帝对《上林赋》爱不释手，还将司马相如封为郎官，让他可以随时为自己写文章。

平民怨，通西南

司马相如担任郎官数年后，朝中出了件大事。汉武帝派一个名叫唐蒙的官员去开通汉朝到夜郎及其西边僰（bó）中的道路。唐蒙从巴、蜀两郡征发了上千士卒，西郡又为唐蒙征调了陆路及水上的运输人员一万多人，这使得当地民怨沸腾，百姓甚至对朝廷产生了恐惧的心理。于是，汉武帝派出司马相如去向唐蒙问责，并且安抚百姓，告诉他们唐蒙的做法并不是朝廷的意思。司马相如抵达当地后，发布了一张《谕巴蜀檄》的告文，安定民心，之后又采取了很多恩威并施的手段，最终平息了这次事件。

司马相如回到京城，向汉武帝如实汇报了自己在巴蜀

［战国］屈原　［西汉］司马相如　［东晋］陶渊明　［唐朝］李白
［唐朝］杜甫　［唐朝］韩愈　［唐朝］白居易　［北宋］苏轼
［南宋］陆游　［南宋］辛弃疾　［清朝］蒲松龄　［清朝］曹雪芹

的作为，汉武帝很满意。

当时，唐蒙已开通了通往夜郎的道路，想要趁机开通西南夷的道路，但耗时两年，不仅道路没开通，还死了很多士卒，而且花费巨大，朝中不少大臣都建议不应该再继续修下去。然而，这个"鸡肋"工程却带来了一些意外收获：邛（qióng）、筰（zé）的君长听说南方部落已与汉朝交往，便希望与他们一样，得到汉朝的封赏，成为汉朝的臣民。汉武帝特别高兴，于是任命司马相如为中郎将，持节出使，去笼络这些部落。

司马相如回到刚离开不久的蜀地，受到百姓们的热烈欢迎。对于这位曾在危难之际安定人心的大才子，他们满怀感激，但是对于司马相如肩负的任务——打通西南方部落的关隘，与西南地方互通往来多有微词。司马相如面对这种情况，又以一篇文章解答百姓的疑问，这就是《难蜀父老》。在这篇文章里，他以问答的形式对大家的担心一一做出回应，终于消除了蜀地百姓的担忧。最终，司马相如不但拆除了旧有的关隘，扩大了边关，打通了灵关道，还建造了直通邛、筰的长桥，让邛、筰、冉、駹（máng）、斯榆的君主都心甘情愿地成了汉王朝的臣子。司马相如为汉民族和少数民族的交往，以及开发西南边疆作出了贡献。

这次出使的成功让司马相如在朝内获得了不小的声望，

文学大家

汉武帝对他更加信任和欣赏。然而，好景不长，有人告发司马相如曾经在出使期间收受贿赂。为此，他被免去了官职。虽然不久他就被重新启用，但经过这次打击，他的仕途不再顺遂。司马相如几经沉浮，最终因病被免官。而他也乐得清闲，举家搬到茂陵邑去了。

绝笔《封禅书》

司马相如患有消渴症，身体常年不佳，迁居之后更是每况愈下，不久后就去世了。汉武帝听说了此事，派了一个叫所忠的大臣去他家。所忠对他的妻子说："把司马相如写的书交给皇帝吧，让皇家来为他保管。他的著述太多，如果保存不善，可能很快就会散失掉，不能流传下去了。"司马相如的妻子回答："现在家中已经没有书了。多年以来，他随时写，随时就会有人把书取走，并没有保留下来的。他在故去之前写了最后一卷书，交代我说，如果皇帝叫人来取，就把这卷书献上去。"

汉武帝听到所忠的回禀，既惋惜司马相如文章的散失，又感慨他洞明的观察。对于司马相如留下的这卷书，汉武帝视如至宝，爱不释手地读了又读，这就是后世所说的《封禅书》。这本书阐述了过去多位明君封禅的经历，力

劝汉武帝效仿先人在泰山封禅，以彰显汉王朝的强盛辉煌，祈祷海清河晏，家国永安。这篇文章坚定了汉武帝封禅的决心。公元前110年，也就是司马相如去世八年之后，汉武帝终于完成了空前绝后的泰山封禅。因为这一活动对民力物力消耗巨大，对汉武帝后期的朝堂动荡也有直接影响，所以后世对汉武帝封禅评价不一，连带对司马相如的进言也有很多争议。

纵观司马相如的一生，作为一位政治人物，司马相如或许算不得成功。然而，作为一位文学家，他一生致力于汉赋创作，将汉赋推向了汉朝散文发展的顶峰，是无可争议的汉赋大家。

/作品欣赏

凤求凰

（其一）

有一美人兮，见之不忘。

一日不见兮，思之如狂。

凤飞翱翔兮，四海求凰。

无奈佳人兮，不在东墙。

将琴代语兮，聊写衷肠。

何日见许兮，慰我彷徨。

愿言配德兮，携手相将。

不得於飞兮，使我沦亡。

（其二）

凤兮凤兮归故乡，遨游四海求其凰。

时未遇兮无所将，何悟今兮升斯堂！

有艳淑女在闺房，室迩人遐毒我肠。

何缘交颈为鸳鸯，胡颉颃（xié háng）兮共翱翔！

凰兮凰兮从我栖，得托孳（zī）尾永为妃。

交情通意心和谐，中夜相从知者谁？

双翼俱起翻高飞，无感我思使余悲。

姓名／陶渊明

字／元亮

号／五柳先生

朝代（时期）／东晋

出生地／浔阳柴桑（今江西九江）

出生年代／约公元365年

逝世年代／约公元427年

主要成就／田园诗派的鼻祖，对后世诗歌创作影响很大

代表作品／《桃花源记》《五柳先生传》《归去来兮辞》

陶渊明，字元亮，又名潜，世称靖节先生，东晋诗人、辞赋家。他曾为了生计入仕为官，但终究不愿向现实屈服，在担任彭泽县令仅八十多天后就弃职而去，从此归隐田园。他是中国第一位田园诗人，被称为"古今隐逸诗人之宗"，著有《桃花源记》《归去来兮辞》等。

壹 生于东晋仕宦家庭，幼时即嗜学。

贰 家境败落，回归田园，怡然自得。

叁 数次出仕，又数次请辞，虽心系百姓，亦醉心田园。

肆 不为五斗米折腰，辞官归隐，作《归去来兮辞》《桃花源记》。

伍 作《挽歌词》和《自祭文》，安然离世。

了不起的中国历史人物

性本爱丘山

陶渊明出身于东晋一个仕宦家庭，曾祖父陶侃曾被封为长沙郡公，追赠大司马，是东晋著名的将领。他的祖父也曾官至太守。陶渊明生长在这样的环境中，从小就对官场上的往来交际有所了解。但他对这些并不感兴趣，而是将更多的精力放在了读书和学习上。

陶渊明读书不拘一格。诸子百家、诗词歌赋，他都有所涉猎，尤其对儒家、道家的思想特别感兴趣。他早年学习儒家经典，抱有"猛志逸四海，骞翮(hé)思远翥(zhù)"的志向，同时也深受当时盛行的老庄思想的影响，崇尚质朴，爱好自然。陶渊明少年时期的学习对他的一生产生了深远的影响，他终身都保持着自己的理想信念，哪怕生活窘迫，也没有丝毫摧折。

文学大家

陶渊明十几岁时，父母相继去世，家境逐渐没落。但与大多数人的想象不同，陶渊明并没有因为生计艰难而颓丧。他在自己居住的房子门口亲手栽下五棵柳树，闲时就在树下读书，偶有朋友来访，大家就一起喝酒谈天，探讨学问。他的日子过得很清贫，吃用大多依靠自己栽种和朋友接济，经常面临无米可炊的窘境。但是陶渊明很满足于这种自在，内心非常宁静充实。后来，他写下一篇很有名的文章《五柳先生传》，详细描述了这段无拘无束的快意时光。因此，后人常以"五柳先生"称呼他。

数次请辞

二十岁时，陶渊明开始游宦的生涯，一为谋求家人生计，二来他并没有放弃少年时兼济天下的志向。陶渊明凭借着不凡的才学，获得了不少出仕机会，但他热爱自由的性情与官场的倾轧算计格格不入，仕途往往不能长久。

二十九岁那年，陶渊明再次出仕，在江州刺史王凝之的手下做祭酒。王凝之是著名书法家王羲之的儿子，王家又是当时的世家大族。王凝之倚仗祖荫身居高位，但是自己并没有出众的才学能力。他做官不思民生民事，一味沉迷道教，成天只想着炼丹修仙，长生不老，对政事不管不

问。陶渊明看他行为消极堕落，深感愤慨，也深知在这样的人手下自己不会有用武之地，于是不久就向王凝之提出了辞官的请求。

王凝之百思不得其解。他把陶渊明找来问道："你究竟为什么突然要辞官呢？祭酒已经是很高的职位了，薪俸也丰厚，比你原来务农的日子要好过多了，你不应当再有什么不满了啊？"

然而，陶渊明正色道："我不能为了做这个官，就什么原则都不顾了。"说完，他毫不犹豫地收拾起自己的随身行囊，辞官回乡了。

如此往复，几年间，陶渊明换了数个官职，大多都以请辞结束。他并不沮丧，每每辞去公职后，就回到家中，继续务农，享受宁静的田园生活。

不为五斗米折腰

这样的日子一长，陶渊明家中逐渐入不敷出。周围亲友都为他着急，于是大家几次三番地劝说他，让他还是改改性子，接受地方长官的举荐出仕，也好有个稳定的收入来源。

无奈之下，陶渊明听从亲友的建议，到彭泽县做了一

名县令。官场上烦冗的公文、严苛的礼仪和应付不完的人情世故，往往让他郁结不快。做官的日子越久，陶渊明就越发怀念无拘无束的田园生活，辞官回乡的念头也变得越来越强烈。最终，这个念头在一件突发事件的冲击之下变成了现实。

当时朝廷有一项制度，每一年的年末，朝廷都会派遣官员到各地巡查，考核政绩，察看民生，以此作为日后拔擢和贬谪官员的依据。因此，大多数地方官员对这些前来巡查的上级都格外小心，唯恐招待不周得罪他们，影响自己日后升迁。但是陶渊明一向不将这些放在心上，对前来巡查的官员也没有给予特殊的安排和招待，只是照常完成公务，并没有讨好、恭维的意思。

到了巡查官到来的日子，县吏向陶渊明报告说，九江太守派督邮张大人来巡查，快要到县衙了，请他快出门迎接。陶渊明对这个张大人略有耳闻，知道他本是彭泽县的富家子，在家时就横行乡里，老百姓对他多有怨言。他靠着家里的钱财和人脉，一步步成为九江太守的亲信，这次甚至把巡查这样责任重大的差事揽到了手。陶渊明平时就蔑视功名富贵，不肯趋炎附势，对这种假借上司名义发号施令的人很是瞧不起，但也不得不去见一见，听到县吏来报，于是穿着一身便服就要起身出门。

不料，县吏拦住陶渊明说："大人，参见督邮要穿官服，并且束上大带，不然有失体统，督邮要乘机大做文章，会对大人不利的！"

陶渊明听后，想到这个纨绔子弟的平日所为，只觉得心中一团怒火往上蹿。他本就对官场俗务心怀不满，这一气之下，索性对衙役说道："这张大人一个乡里小儿，我怎么能对他唯唯诺诺，为五斗米折腰，丢了气节原则！这县令我早不想做了！"

陶渊明回到屋内，将官印放在案台上，附上一份辞呈，随即离开了只当了八十多天县令的彭泽县，回乡去了。

庐山之行

家人朋友对他突然的归来都很惊讶，陶渊明却感觉到久违的自在轻松。他深刻地意识到，山水田园般的平静生活才是自己心中的向往，而官场生涯从来就有违本心。他创作出著名的《归去来兮辞》，其中"实迷途其未远，觉今是而昨非"一句，直白地表达了自己的心情。

从此，陶渊明再也没有做官。他在家乡附近安定下来，盖了几间草房，种下十几亩地，每日下地务农劳作，仅依靠种地所得维持生活，家境极其贫寒。

文学大家

朝廷得知后,几次派遣大臣来劝说他出仕,每每许下高官厚禄,但是陶渊明丝毫不为所动,只甘于平凡自由的恬淡生活。他闲时欣赏四时风景,饮酒写诗,自觉日子过得惬意充实。他写下"采菊东篱下,悠然见南山"的千古名句,就是在描述自己最平实而美妙的生活。

当时,陶渊明隐居在庐山附近,庐山上有一座很有名的佛寺——东林寺院。佛寺的住持名叫慧远,当年,他带着徒弟们路过庐山,被这里美丽清幽的景色所吸引,于是就在此住了下来。几年之后,慧远的名气越来越大,并在当地官员的帮助下修建了一座佛寺,即东林寺院。佛寺香火日盛,甚至传到了皇帝的耳朵里。当时的皇帝很喜欢佛法,于是他给慧远写了一封信,对他宣扬佛法、兴建佛寺的行为大加赞赏。这样一来,慧远的名气又上了一个台阶,日常去寺里供奉的百姓就更多了。

虽然陶渊明早已归隐田园务农,但他名声在外,还是有很多人想去拜会或邀请他,慧远也不例外。他听说陶渊明就住在庐山附近,便写下一封书信,邀请他来东林寺院参观小住一段时间,甚至为此破例允许他将酒带到寺庙里。陶渊明盛情难却,就在几天后应邀前往。

陶渊明兴致勃勃地上了庐山,刚进东林寺的大门,就远远看到佛殿正中的景象:只见慧远端坐在佛堂中间,身

前趴跪着一群上山来拜佛的百姓，集体祷告并高呼慧远的法号。慧远身穿华贵的袈裟，接受着他们的叩拜，面容尽显得意的神色。

陶渊明不由得皱起眉头，面前这个佛门中人，号称超凡脱俗，原来竟也是个贪慕虚荣的人。这寺庙中的排场，怕是一点不比官场上的那一套小！想到这，陶渊明连大殿也没进就下山去了。

这一趟庐山之行，更加坚定了陶渊明关心百姓、体会疾苦的入世观念。与后世一些文人的"消极避世"不同，陶渊明始终未曾对世情冷漠，这是他精神内核中非常重要的一部分。

安然离世

公元427年，陶渊明在重病之中又一次婉拒朝廷的招揽。他自感时日不多，于是提笔写下三首《挽歌词》和《自祭文》，为自己的一生下了注脚。

不久之后，陶渊明平静地离世。家人遵从他的遗愿，将他安葬在了他最熟悉也最热爱的田野里，没有立任何墓碑和标记，让他归于自然这个广袤的天地。友人们敬佩陶渊明的为人，为他私谥"靖节"，所以后世称他为"靖节先生"。

陶渊明与中国古代大多数的文人不同，他不寻求进身仕途，看待功名利禄如过眼云烟，一生寄情于田园。他抱守本心的理念和躬行一生的态度对后世产生了巨大影响，在他之后，固守强大的精神家园成了无数文人的崇高理念。

主要成就

陶渊明是历史上第一位大量创作饮酒诗的诗人，他借这一不俗流的题材，或针砭时弊，或自由放歌，与咏怀诗一起，表达自己内心无限深广的情绪，字里行间流露着他丰富的精神世界。

陶渊明在文学上最大的成就还要数田园诗。他是田园诗派的创始人，他的田园诗数量最多，成就也最高，被称为"古今隐逸诗人之宗"。他以纯朴自然的语言、高远脱俗的意境，为中国诗坛开辟出一片新天地，并对后世产生了巨大的影响。陶渊明通过田园诗的创作，充分表达了自己守志不阿的高尚节操，对淳朴田园生活的热爱和对劳动以及劳动人民的深刻感情。在我国古代被文人士大夫思想统治的氛围下，这样的精神主张是非常难得的。

除去诗歌，陶渊明在辞赋上的成就也非同一般。他创

作的《五柳先生传》《桃花源记》《归去来兮辞》都是传世名篇。这些作品兼具华彩的段落、跌宕的节奏、舒畅的声调，将文中形象活灵活现地呈现在读者面前。其中，《桃花源记》对社会形态的思考，是难能可贵的。

/作品欣赏

桃花源记

晋太元中，武陵人捕鱼为业。缘溪行，忘路之远近。忽逢桃花林，夹岸数百步，中无杂树，芳草鲜美，落英缤纷，渔人甚异之，复前行，欲穷其林。

林尽水源，便得一山，山有小口，仿佛若有光。便舍船，从口入。初极狭，才通人。复行数十步，豁然开朗。土地平旷，屋舍俨然，有良田、美池、桑竹之属。阡陌交通，鸡犬相闻。其中往来种作，男女衣着，悉如外人。黄发垂髫，并怡然自乐。

见渔人，乃大惊，问所从来。具答之。便要还家，设酒杀鸡作食。村中闻有此人，咸来问讯。自云先世避秦时乱，率妻子邑人来此绝境，不复出焉，遂与外人间隔。问今是何世，乃不知有汉，无论魏晋。此人一一为具言所闻，皆叹惋。余人各复延至其家，皆出酒食。停数日，辞去。此中人语云："不足为外人道也。"

既出，得其船，便扶向路，处处志之。及郡下，诣太守，说如此。太守即遣人随其往，寻向所志，遂迷，不复得路。

南阳刘子骥，高尚士也，闻之，欣然规往。未果，寻病终，后遂无问津者。

李白

姓名／李白

字／太白

号／青莲居士

朝代（时期）／唐朝

出生地／绵州昌隆（今四川江油）青莲乡，一说出生于西域碎叶城

出生年代／公元701年

逝世年代／公元762年

主要成就／创造了古代浪漫主义文学的高峰，歌行体和七绝达到了后人难及的高度

代表作品／《梦游天姥吟留别》《蜀道难》

李白，唐代伟大的浪漫主义诗人。他寄情于山水之间，终身仕途不顺，但在诗歌创作上取得了伟大的成就。他的诗雄浑奔放，感情充沛，语言清新，想象奇绝，他也因此被后世尊称为"诗仙"，与"诗圣"杜甫合称"李杜"。

壹 三心二意小神童，
铁杵成针做学问。

贰 离家游历，客居长安，
人称"谪仙人"。

叁 奉诏入宫，狂放不羁，
得罪权贵，千金放还。

肆 安史入幕，获罪流放，
途中大赦，重获自由。

伍 晚年多疾病，绝笔《临终歌》。

铁杵磨成针

传说在李白出生之前,他的母亲曾梦到太白金星入怀,于是为他取字"太白"。小李白天资聪颖,十岁时就已经读过很多书,是驰名乡里的小神童。但是,他有个特别大的毛病——做事不专心,读书时总是三心二意,只要听到小伙伴们玩耍的动静,准会把书本丢开溜出去玩。父母为此非常头疼,可是又拿他没办法。

这一天,小李白禁不住诱惑,悄悄地跑出家门,一路摘花扑蝶,玩得好不快活。他不知不觉来到一条小溪边,忽然被一个奇怪的声音给吸引住。他顺着声音传来的方向走过去,发现小溪边坐着一位满头银发的老奶奶,她正在磨铁石上磨一根足有小孩胳膊那么粗的铁棒。

李白好奇地问老奶奶:"老人家,您这是在干什么呢?"

老奶奶抬起头，笑眯眯地看着李白说道："我呀，要把这根铁棒磨成一根绣花针！"李白睁大眼睛，不敢相信地说："怎么可能呢，这根铁棒这么粗！"老奶奶看着他，依旧笑着说："虽然这根铁棒很粗，但是我每天都这么磨，一天一天积累下来，总能把它磨成一根绣花针的。"

李白摸了摸头，暗自想着老奶奶的话。对呀，只要功夫深，铁杵磨成针！读书不也是这个道理么？一天一天，一年一年，只要不停地努力，总有一天会成为很有学问的人！于是他立刻跑回家里，认认真真地念起书来。

这就是"铁杵磨成针"的故事。

金龟换酒

随着年岁渐长，李白在家乡一带已经很有名气。除了能诗善文，他还精通剑术，对歌舞也相当在行。益州刺史称赞他说："这个年轻人真是才华横溢！如果继续努力下去，一定可以成为像司马相如一样的大家！"

到了二十五岁这一年，李白决心离家游历，寻找欣赏他的人，并借贵人引荐入朝为官，以施展自己匡扶社稷的抱负。于是他拜别父母，带着一把宝剑就只身上路了。

李白一路饱览山川丽泽，兴之所至，写下不少美妙的诗作。

唐玄宗天宝元年，李白来到长安，希望有机会能够入朝晋身，一展自己兼济天下的抱负。但是，他一介布衣，没有什么门路，只能暂时住下，慢慢想办法。

一天，李白来到城郊的紫极宫游玩散心，恰巧碰到贺知章也在此处。贺知章是唐代著名的诗人、书法家，自号四明狂客，性好饮酒，人称"酒仙"。他学问渊博，是唐玄宗的老师，也乐于提携有才华的年轻人，很受时人敬重。

贺知章早就看过李白的诗，对他欣赏有加。两人随即饶有兴致地攀谈起来，贺知章乘兴问李白道："不知你最近有没有新写的诗，可否让我看看呢？"李白欣然拿出《蜀道难》，请贺知章品评。

"噫（yī）吁（xū）嚱（xī），危乎高哉！蜀道之难，难于上青天！"只这第一句，就让贺知章击节叫好。他细细往下读，不时发出赞叹声，完全沉醉其中。他通篇看完后，激动地对李白说："这哪里是凡人能够写出的文章！你真是天上的诗仙下凡啊！"

两人一见如故，不知不觉就聊到日落时分。贺知章知道李白善饮，便邀请他一同去酒肆。两人刚在店里落座，贺知章突然想起，自己并没带银两。他往身上看了看，只有一只随身佩戴的金龟袋子。这袋子是官员身份品级的象

征，除贵重之外，意义也很重大。贺知章毫不犹豫地把袋子解下来，递给酒保说："尽管把你们店里的好酒拿出来吧，这是酒钱！"李白见状赶紧拦住他："这可使不得！这袋子是皇家御赐给您的，怎么能用来换酒呢！"贺知章摆了摆手："你不是在诗里写'人生得意须尽欢，莫使金樽空对月'吗，这个袋子算得了什么！"李白听后哈哈大笑，随后两人推杯换盏，一直喝到月上中天才互相告别。

后来，两人成为莫逆之交，"金龟换酒"的典故也流传下来，成了待人以诚、结交以心的典范。

智退吐蕃

李白的声名传播得越来越远，甚至传到唐玄宗耳中。他看了李白的作品，爱不释手，于是连下三道诏书招他入朝来见。李白在贺知章的陪同下到了殿上，面对皇帝关于诗文、政事的各种询问，对答如流，唐玄宗对他赞赏不已。

此时，随侍在旁的宦官高力士突然开口："陛下，您不是正为吐蕃国书的事烦恼吗？李白学识如此渊博，不如就问问他有没有解决的办法吧！"

原来，前些天，吐蕃首领派使者送来国书，但是，朝廷上下没有人认识吐蕃文字，唐玄宗觉得在使者面前折损

了颜面,这几天正在恼火呢。

贺知章听到高力士这话,暗自为李白捏了把汗,担心他答不上来会惹祸上身。没想到,李白一点都没有惊慌。他胸有成竹地起身对唐玄宗说道:"草民少年时随父亲在西域游历,与当地人多有往来,略懂一些吐蕃语,可以试一试。"

唐玄宗听后大喜,立即命人把吐蕃国书拿来,让李白当场翻译。李白接过国书,快速浏览一遍,接着就用汉语流利地念了出来。原来,吐蕃首领狂妄自大,要求唐朝廷割让大片土地给吐蕃,否则就要引兵来犯。

唐玄宗的脸瞬间沉了下来,吐蕃这番话实在是太藐视大唐了!他看着朝上议论纷纷的大臣们,把目光转向李白,问他道:"李白,你对吐蕃的这封国书有什么看法?"

李白望着皇帝,坚定地说:"我可以起草一份答蕃书,明天当面发还给吐蕃使者,一定能圆满地解决这件事。"

唐玄宗点了点头,于是李白当即在朝堂上起草起来。他略微思考了一下,便挥毫下笔,一气呵成地完成了整篇文章。唐玄宗取来一看,这篇文章写得有礼有节,不禁深为赞许。

吐蕃首领在看过使者带回的《答蕃书》后,最终没有再生事端,一场兵祸就此消弭。李白由此深得唐玄宗青睐,被封为翰林供奉。

文学大家

千金放还

李白生性狂放不羁，即使入朝为官，他的秉性也没有什么改变。他不阿谀权贵，曾经在作诗时让宦官高力士和杨贵妃的哥哥杨国忠为他脱靴、磨墨，更有甚者，对天子的命令有时也不听从。

有一次，正在李白大醉的时候，唐玄宗召他入宫写诗。李白狂性发作，口无遮拦地对着前来的官员高喊"天子呼来不上船"！周围的人都吓了一跳，担心皇帝会发怒，降罪于他。但是李白醉后依然文思泉涌，写出了令皇帝非常满意的诗，唐玄宗也就没有追究他的不敬之罪了。然而，君王的大度并不是无止境的，同时李白得罪的权贵官员也对他怀恨在心，时有挑拨。最终，唐玄宗还是逐渐疏远了他。

李白失意官场，觉得自己的抱负终究无法实现。于是，他向唐玄宗上表请求辞去官职，很快获得了批准。从此以后，他开始云游四海，寄情于山水之间，歌以咏志，叹以抒怀，创作出无数篇流传千古的绝世佳作。

汪伦送别

唐玄宗天宝十三载（公元754年）前后，李白自秋浦往

文学大家

泾县（今属安徽）漫游。

当时，泾县有个名叫汪伦的人，他曾在唐代开元年间任泾县县令，由于深爱当地的风景，卸任后便留在此居住，亲事农桑，自家酿酒，日子过得悠然自得。他非常喜欢李白的诗，偶然听说李白正在南陵叔父李阳冰家旅居，而南陵离泾县并不远，便写信邀请李白到自己家中做客。

汪伦在信上热切地说："先生好游乎？此处有十里桃花。先生好饮乎？此处有万家酒店。"不得不说，这正是投其所好，李白素来喜爱的就是美景美酒嘛！果然，李白见到信后便按捺不住了，马上动身前往汪伦的家。

不过，等到了目的地后，眼前的景象让他有点失望：十里桃花、万家酒店的影子都没见到，哪是汪伦信中说的那个样子！汪伦看出了李白的疑问，一边转身笑着拿出几坛酒请他品尝，一边开口说："桃花者，十里外潭名。万家者，酒店主人姓氏。"李白听后不禁大笑起来，不仅没有因汪伦的小玩笑而生气，反而被他的拳拳盛情感动。

当时正值春日，从汪伦的住处向远处望去，目所能及的都是草长莺飞、姹紫嫣红的美景。李白心情大为舒畅，和汪伦一起推杯换盏，好不快活。

如此，汪伦留李白连住数日，每日陪李白游览周边盛景，并以美酒相待。临别时，还特意前来相送。李白心中满怀感激，随即挥毫写下一首七绝诗《赠汪伦》留作纪念：

　　李白乘舟将欲行，忽闻岸上踏歌声。

　　桃花潭水深千尺，不及汪伦送我情。

随着这首流传千古的名篇被传诵至今，汪伦与李白真挚纯粹的友谊也传为一段佳话。

安史入幕

公元755年，安史之乱爆发。百姓遭遇战火，只得四处逃难。李白目睹了人们流离失所的景象，心中充满郁愤。

当时,唐玄宗匆忙逃往蜀地,太子李亨在灵武自行即位,称唐肃宗。唐玄宗对此虽不大情愿,但也无能为力,于是派永王李璘东巡,意图通过水路直捣幽燕,同时牵制唐肃宗。

永王率军途径浔阳时,听说李白正在附近,于是上门游说,力邀他出山为国效力。李白欣然接受了永王的邀请,成为他的幕僚,希望能为平叛尽自己一份力量。然而,唐肃宗察觉到了永王东巡带来的威胁,下令要永王将军队带回封地蜀地,永王却不肯听命,双方相互争锋,最终发展到兵戎相见。李白眼见情势已经有悖他的初衷,就离开了永王的军队。过了不久,永王战败而死,唐肃宗要将永王军中的人都以谋反罪论处,李白也被牵扯进来,处境很不乐观。

朝中大将郭子仪旧时与李白交好。他听到这个消息后便去向唐肃宗说:"李白确实没想要谋反,他是被永王欺骗的。何况他才华出众,是不可多得的人才。请皇上赦免了他吧!"郭子仪是平定安史之乱的功臣,深得皇帝的信任和倚重,在他的一再恳求之下,唐肃宗最终免去了李白的死罪,改为流放夜郎。

五十多岁的李白就这样踏上流放之路。回顾自己一直以来的仕途经历,他苦闷不已,在备受打击之下甚至搁笔不再创作。行至半途时,突然传来皇帝大赦天下的消息,

李白不用远去夜郎了。他重新获得自由，然而数度波折已使他身心俱疲，须发皆白。他孑然一身，立在这天地之间，只剩下满心苦涩。

溘然长逝

长期流浪潦倒以及大量饮酒的生活摧毁了李白的身体。到了晚年，他体弱多病，依靠朋友接济照顾度日。在又一年重阳登高之后，李白病重不起。他在病榻上挣扎着写下《临终歌》，将自己一生的愁闷积郁诉诸笔端。不久之后，李白溘然长逝，这个中国文学史上不世出的天才就这样走完他的一生。

主要成就

李白是唐代伟大的浪漫主义诗人，被后人誉为"诗仙"。他创造了古代积极浪漫主义的文学高峰，为唐诗的繁荣与发展打开了新局面。他的作品批判地继承前人的传统并形成他自己独特的风格，其中歌行体和七绝达到后人难以企及的高度。他的作品开创了中国古典诗歌黄金时代的先河。

作品欣赏

蜀道难

噫吁嚱，危乎高哉！蜀道之难，难于上青天！

蚕丛及鱼凫（fú），开国何茫然！尔来四万八千岁，不与秦塞通人烟。西当太白有鸟道，可以横绝峨眉巅。地崩山摧壮士死，然后天梯石栈相钩连。上有六龙回日之高标，下有冲波逆折之回川。黄鹤之飞尚不得过，猿猱（náo）欲度愁攀援。青泥何盘盘，百步九折萦岩峦。扪参历井仰胁息，以手抚膺坐长叹。

问君西游何时还？畏途巉（chán）岩不可攀。但见悲鸟号古木，雄飞雌从绕林间。又闻子规啼夜月，愁空山。蜀道之难，难于上青天，使人听此凋朱颜！连峰去天不盈尺，枯松倒挂倚绝壁。飞湍瀑流争喧豗（huī），砯（pīng）崖转石万壑雷。其险也如此，嗟尔远道之人胡为乎来哉！

剑阁峥嵘而崔嵬（wéi），一夫当关，万夫莫开。所守或匪亲，化为狼与豺，朝避猛虎，夕避长蛇，磨牙吮血，杀人如麻。锦城虽云乐，不如早还家。

蜀道之难，难于上青天，侧身西望长咨嗟！

杜甫

姓名 / 杜甫

字 / 子美

号 / 少陵野老

朝代（时期）/ 唐朝

出生地 / 巩县（今河南巩义）

出生年代 / 公元 712 年

逝世年代 / 公元 770 年

主要成就 / 创作了约 1500 首诗歌，将现实主义诗歌推向新的高峰

代表作品 / "三吏""三别"

杜甫，唐代伟大的现实主义诗人，被尊称为"诗圣"，与"诗仙"李白齐名，并称"李杜"。杜甫的思想核心是儒家的仁政理念，他对中国文学和日本文学都产生过深远的影响。杜甫共有约1500首诗歌被保留下来，大多集于《杜工部集》。

壹 出身书香世家京兆杜氏，七岁能诗。

贰 二十离家，周游各地，结识李白，相约同游。

叁 意外落榜，寓居长安近十载。

肆 安史之乱爆发，流离失所，作"三吏""三别"。

伍 蜀中漂泊，舟中长逝。

生平事迹

杜甫出身于京兆杜氏，家里是有名的书香世家，先祖是晋朝名将、大学者杜预，祖父杜审言曾官至修文馆直学士，也是唐朝著名诗人。杜甫在这样的家庭里成长，很小就开始接触书本。耳濡目染之下，他对文学产生了非常大的兴趣。

七岁这年，杜甫写下自己的第一首诗《咏凤凰》。他把自己这首得意之作拿给父亲品评，碰巧父亲的两个朋友来访。朋友一看之下大为赞赏，此后常常在人前夸赞小杜甫，还带他去听宫廷乐师李龟年的演奏。这一段经历对杜甫一生的创作产生了巨大的影响。他从此潜心钻研诗文，十五岁就在洛阳颇负才名，写出的文章常常被满城传看。

杜甫二十岁时离开家出外周游，几年之间遍访吴越、齐赵等地。他在游历期间还与唐朝另一位大诗人李白相遇，两人谈诗论道，大为投缘。于是他们相约同游，一起把酒观花，登山访隐，结下了"醉眠秋共被，携手日同行"的深

文学大家

厚友谊。杜甫就这样逍遥地游历了十几年,直到听到朝廷要举办考试,选拔人才的消息,他才结束漫游,回到长安。

杜甫成长于官宦世家,这些年四外云游除了让他开阔眼界之外,也使他真切地感受到了人民生活的艰辛。他怀着济世安民的愿望,参加了这次考试,希望能够由此步入仕途,实现自己的远大抱负。然而,当时的权臣李林甫在这次考试后导演了一出"野无遗贤"的闹剧。他对唐玄宗说:"当今天下有才能的人,都已经被朝廷录用了,朝廷之外再也没有贤德的人才了。"唐玄宗听后特别高兴,并且信以为真,于是当届参加考试的士子全部落选了。

杜甫因为这样荒唐的理由而落榜,心中充满失落。然而他并没有放弃自己的政治理想,于是在长安住了下来,希望能够再次寻到机会为国家出力。他一介书生无以为生,只得去各个权贵王侯的府上献文自荐,然而始终不得赏识。他生活困顿,甚至一度只能依靠到野外采药草,拿去集市售卖来维持基本的温饱。种种挫折使得杜甫的思想发生了极大的转变,他的目光开始更多地投向民生疾苦,笔下的作品也开始越来越多地反映当时普通百姓的艰难生活。

一天,杜甫在去采药的路上突然听到一阵哭声。他循声望去,原来是一队即将远征的新兵正在和家人告别。杜甫走过去细看,发现这一队新兵里既有十四五岁的孩子,

[战国]屈原 [西汉]司马相如 [东晋]陶渊明 [唐朝]李白 [唐朝]杜甫 [唐朝]韩愈 [唐朝]白居易 [北宋]苏轼 [南宋]陆游 [南宋]辛弃疾 [清朝]蒲松龄 [清朝]曹雪芹

了不起的中国历史人物

　　也有迟暮之年的老人。路的一旁，这些人的父母、妻儿正死死抓住他们的衣襟痛哭失声，此情此景让人看着都不由得心酸落泪。

　　杜甫与身边的一位老兵交谈起来。他问老兵："你们这是要去哪里啊？"

　　老兵回答道："去边疆打仗啊。"

文学大家

杜甫看了看他满头花白的头发，有些惊讶："您都这么大年纪了，还要去打仗？"

老兵摇了摇头，重重地叹了口气，无奈地说："征兵征到了我，怎么能不去呀？我听人家说，以前有些孩子，十四五岁就被征走，一直到了四十多岁才回来。我这把年纪了，估计这次走了就等不到回来的日子了。唉，家里就这么几亩薄田，都丢给妻儿老小，他们哪种得好！赋税还这么重，一点都不减免，让人可怎么活啊！"说着，老兵又禁不住落下泪来。

杜甫看着这骨肉生生离别的凄凉景象，听着耳边抓肠挠肝的哭声，心中既苦涩又悲愤，百感交集。常年的战乱、腐朽的朝堂，给这些普通百姓都带来了什么？当晚他回到住处，写下叙事诗《兵车行》。"长者虽有问，役夫敢申恨？且如今年冬，未休关西卒。县官急索租，租税从何出？信知生男恶，反是生女好。"几句诘问，道尽老百姓在动荡时世中的苦痛与愤懑。

杜甫在长安一住就是十年，遭逢几番波折后终于被朝廷任命为管理兵甲器械的参军。此时，杜甫已经四十四岁，多年来和家人聚少离多。于是，他决定在赴任之前回家看望一下妻子和儿女。

他启程时正值冬季，寒风凛冽，到处都是一片凋敝的

景象。杜甫骑着驴，感觉手指都要被冻僵了。正在这时，他发现路边躺着一个人。杜甫立刻去察看，发现这个人已经在饥寒交迫中死去。他怔怔发了一会儿呆，心中既怜悯又难过，最终只有叹息一声，又继续赶路。

过了不久，杜甫行到骊山，唐玄宗和杨贵妃冬季避寒的华清宫就建在这里。杜甫从山下经过，听到有隐约的歌声传来。他抬头望去，正看见青山翠柏掩映下的皇家朱门。想起刚刚见到的那个受冻挨饿而死的人，杜甫顿时生出强烈的愤慨与不平。这朱门之后、长安城里，王公贵族们过着花天酒地、挥金如土的日子，而在这一门之外、街边巷里，有多少百姓流离失所、挨饿受冻。这世道是多么不公啊！

杜甫一路走，一路观察着世间万象，心情益发沉重。谁知家中还有一个噩耗在等待着他：他未满周岁的小儿子几天前已经饿死了。杜甫听到消息后如遭五雷轰顶。悲痛之余，他想到这一路上的所见所闻，挥毫写下《自京赴奉先县咏怀五百字》。诗中"朱门酒肉臭，路有冻死骨"一句，直率、犀利地揭示了社会贫富悬殊的矛盾现象，成为家喻户晓的千古名句。

杜甫到任后没多久，安史之乱爆发了。兵乱骤起，遭殃的总是百姓。人们开始逃难，牵儿带女背井离乡。杜甫一家也不例外，他们跟随着人群，一路以野果充饥，晚上

文学大家

就露宿在荒村，几经艰难，终于安顿下来。但是，杜甫对国家的乱象十分忧心，当他听说唐玄宗已经退位，太子即位为唐肃宗之时，便决心去投奔肃宗，为国效力。但不走运的是，杜甫上路还没走多远就被叛军抓住，之后被押送到了长安。

杜甫又回到了这座城市，然而，此时的长安城已经不复过去的繁华风采，昔日的高门大户已经变成了断墙残垣，曾经车水马龙的街市如今鲜有人声。面对这样的乱象，听到官军不停败退的消息，杜甫满腔的郁愤无处排遣，只得诉诸笔端。这期间，他写下大量的诗歌，包括《春望》《月夜》《望江头》等，无不在诉说着他对国家命运的担忧与国泰民安的渴望。

虽然杜甫没有被叛军处罚，但是叛军命令他不得离开长安，可他没有放弃，几次三番地出逃后，终于成功。为了掩藏行迹，他不敢走大路，专拣荒僻的小路走，几次在密林里都险些迷失方向。等到终于到达凤翔时，他已是衣衫褴褛、形容憔悴，脚上的麻鞋都走烂了。肃宗被杜甫的忠心感动，将他封为左拾遗。这是个专门为皇帝提意见和建议的官职，同时也承担着极大的风险，把握不好很容易引起皇帝反感。果不其然，杜甫几次直言进谏都惹恼了肃宗。于是，肃宗降了他的官，把他打发到华州当司功参军

去了。

杜甫在华州任职期间，亲眼看到战乱中百姓的悲惨生活，这触发了他对受难民众的深切同情，并开始对社会问题产生思考。在此心境下，他迎来创作的高峰，写出"三吏""三别"等一系列优秀作品。同时，因为长久以来对统治者的失望，他最终选择辞官，带着家人离开华州，几番迁移后定居成都。

在好友严武的帮助之下，杜甫在成都度过了一段较为安定的生活。但随着严武调职远赴长安，并在不久后去世，杜甫也不得不继续他漂泊的日子。他晚年曾在梓州、阆州、夔州短暂停留，后又迁居湖北、湖南一带，生活一直潦倒穷困，甚至一度落得只能在船上安身。公元770年冬天，杜甫病逝于湘江之上。

拆篱笆

杜甫居住在夔州期间，房前的院子里种着几株枣树。一天夜里，杜甫和家人已经睡下，突然被一阵声响吵醒。杜甫怀疑来了贼人，赶忙披上衣服开门察看，却发现门外有一位衣衫褴褛的老妇人，正举着一根竹竿站在枣树下打枣。

文学大家

老妇人看到屋里有人出来,慌忙扔掉了手中的竹竿,局促不安地等待训斥。杜甫打量了一下面前的老妇人,见她瘦骨嶙峋,想必是饿得没法子了才来打枣的。他连忙安抚她说:"您不要怕,接着打吧,没事的!"说着,杜甫弯下身捡起地上的杆子,递给老妇人。老妇人接过杆子,望着杜甫激动得说不出话。

杜甫挽起衣袖,一边帮老妇人装散落在地上的枣,一边和她聊起了家常。原来,她就住在杜甫家西边不远的茅草房里,她唯一的儿子几年前被强征入伍,一去不返,前几天老伴也生病去世了,为了充饥她才迫不得已来打枣子的。

杜甫对老妇人的遭遇充满同情,也为这压迫人的社会感到深深的无奈。他对老妇人说道:"老人家,以后每到秋天,您要是饿了就尽管来打枣子吧,不要怕,不会有人赶您的!"

后来,杜甫和家人搬离了这处屋子,将它让给自己的亲戚吴郎居住。谁料,为了防止有人来打枣,吴郎在院子外围筑起了篱笆。杜甫辗转听闻了这个消息,大为生气。他立刻写下一首诗,托人转交给吴郎:

堂前扑枣任西邻,无食无儿一妇人。

不为困穷宁有此?只缘恐惧转须亲。

即防远客虽多事，使插疏篱却甚真。

已诉征求贫到骨，正思戎马泪盈巾。

这首诗将老妇人的困苦境况告诉了吴郎，并苦口婆心地劝导他要理解她的困难，并能够施以援手。吴郎接到诗后被杜甫的善心深深打动。于是，他马上拆除院外的篱笆，又让老妇人来打枣了。

主要成就

杜甫是伟大的现实主义诗人。他的作品以古体、律诗见长，风格多样。杜甫生活在唐朝由盛转衰的历史时期，他的作品多表现社会动荡、政治黑暗、人民疾苦等主题，记录了唐代由盛转衰的历史巨变，表达了崇高的儒家仁爱精神和强烈的忧患意识，是现实主义诗歌的代表，因而被誉为"诗史"。杜甫一生写下了许多不朽诗篇，约1500首诗歌被保留了下来，大多集于《杜工部集》，对后世影响极其深远。

作品欣赏

茅屋为秋风所破歌

八月秋高风怒号,卷我屋上三重茅。茅飞渡江洒江郊,高者挂罥(juàn)长林梢,下者飘转沉塘坳。

南村群童欺我老无力,忍能对面为盗贼。公然抱茅入竹去,唇焦口燥呼不得,归来倚杖自叹息。

俄顷风定云墨色,秋天漠漠向昏黑。布衾多年冷似铁,娇儿恶卧踏里裂。床头屋漏无干处,雨脚如麻未断绝。自经丧乱少睡眠,长夜沾湿何由彻!

安得广厦千万间,大庇天下寒士俱欢颜!风雨不动安如山。呜呼!何时眼前突兀见此屋,吾庐独破受冻死亦足!

望 岳

岱宗夫如何?齐鲁青未了。
造化钟神秀,阴阳割昏晓。
荡胸生层云,决眦入归鸟。
会当凌绝顶,一览众山小。

韩愈

姓名／韩愈

字／退之

世称／韩昌黎、韩文公

朝代（时期）／唐朝

出生地／河南河阳（今河南孟州）

出生年代／公元768年

逝世年代／公元824年

主要成就／"唐宋八大家"之一，提倡"古文运动"

代表作品／《师说》《韩昌黎集》《外集》

韩愈，唐代杰出的文学家、思想家、哲学家，是唐代古文运动的倡导者，被尊为"唐宋八大家"之首。他的散文气势磅礴，简洁精练，说理透彻明晰，入木三分，开创了与众不同的文风，对后世具有重要的指导意义。

壹 生于唐代书香世家，
自幼聪敏好学，远近闻名。

贰 科举之路多坎坷，但最终如愿登第，
为官刚直敢言，勤政为民。

叁 任职国子监，传道授业，
引领文坛风潮，作《师说》。

肆 冒死上书《论佛骨表》，被贬潮州。

伍 临危受命，出使镇州，
不辱使命，仕途变通途。

聪敏好学

韩愈出生于唐代一个书香世家，家中世代为官。他父母早逝，从小跟随兄嫂生活。韩愈的哥哥韩会年轻时在京城做官，一手抚养弟弟长大，并教导他读书识字。韩愈聪敏好学，七岁开蒙不久话就说得很中听，到十三岁时，就能写一手好文章了。

韩愈十岁这年，韩会受他人牵累遭到贬斥，被发往韶州做官，于是他们举家离开京城。赴任这一路足有千里，途中跋涉特别艰难，但韩会还是打起精神，为小韩愈指点路过的山川盛景，介绍姿彩万千的风土人情。韩愈将哥哥的话一一记在心里，这为他日后的博闻广识打下了基础。

不幸的是，到达韶州之后不久，韩会就因为心情郁结生病去世了。嫂嫂郑氏带着韩愈扶灵回到河阳老家。安葬了哥哥后，郑氏语重心长地对韩愈说道："人生是很短暂的，读书做学问则没有尽头。你要好好努力，不要枉费了这一生的宝贵时间啊！"

文学大家

韩愈听着嫂嫂的话，重重地点了点头。从此以后，他读书更加刻苦了。韩家以诗书传家，家中的藏书非常丰富。韩愈从《论语》《孟子》读起，遇到看不懂的就去向当地有学问的人请教，几年下来，逐渐成了远近闻名的小才子。

嫂嫂见韩愈如此上进十分高兴，便对他说："以你如今的学问，老家这里已经没有什么人可以继续教导你了，你不如去洛阳吧，那里有很多饱学之士，你可以一边求学，一边开阔眼界。"

韩愈听取了嫂嫂的建议，便拜别了家人，只身来到洛阳。他谢绝亲友的邀请和帮助，自己找到两间简陋的茅屋，开始了清贫而又充实的学习生活。

刚直敢言

韩愈在洛阳学习了一段时间，便赶赴京城长安参加科举考试，经历了三次失利后，于第四次考中进士。后来，韩愈累升至监察御史，负责监督官员行为，并可随时向皇帝上表弹劾，是个很容易得罪人的职务。韩愈为人一丝不苟，对待不称职的官员铁面无私，毫不容情。他这样直率犀利的作风最终为自己招来祸事。有一年，关中地区发生旱灾，农民们种的庄稼颗粒无收，无奈之下，大量灾民涌

文学大家

进长安。但是长安的地方官李实害怕皇帝责怪自己管理不利，于是上奏说灾情并不严重。韩愈听说了李实的说辞，决定亲自到受灾地看一看。随后他换上百姓的装束，来到长安城外。

城外的景象简直令人触目惊心。大地被炙烤得龟裂开来，农田里只剩下光秃秃的枯枝。放眼望去，一片黑黄，连树皮、草根都被剥尽、挖完了。灾民流离失所，四处乞讨，饿殍遍地。更令人气愤的是，百姓生活已经如此艰难，还要受尽地方官的盘剥，缴纳沉重的赋税。韩愈被深深震撼，同时对李实等官员欺上瞒下的行径大为光火。他回到家中，当夜就写下奏章，将百姓的极端困苦和官员的恶劣行径一一奏报，请求皇帝加大救灾力度，减免百姓赋税。

韩愈为百姓仗义执言，却得罪了牵涉其中的一大批官员。尤其是李实，他一向深得皇帝信任，此时一口咬定是韩愈夸大灾情，并立场坚定地反对减免赋税。他声称若是这样办理，那么全国都会跟随效仿，朝廷就无税可收了。当朝皇帝唐德宗听信了李实的话，非但听不进韩愈的劝谏，还对他极为不满。结果，一道诏书下来，韩愈被贬去连州阳山做了个小县令。

古文运动

一年之后，唐德宗去世，唐宪宗继位。宪宗认为韩愈是个有才干的官员，便将他调回京城，封为国子监博士，为太学学生授课。

韩愈读书不同于很多人的不求甚解，他不但刻苦，而且非常认真，经常思考揣摩，对学问往往有自己独到的见解。当时文坛最为盛行的文体风格是骈体文。这是一种讲求对仗工整、声律协调的文章体裁，人们写文章时追求文字绮丽，用典规范，对文章的思想内容并不十分看重。韩愈对这种风潮很不以为然。相比骈体文，他更欣赏先秦、两汉时期文人的文章，认为这种自由灵动、不受形式约束的文章更具有美感，也更有益于作者发挥。

于是，韩愈结合当初自己在洛阳游学时的经历，开始向学生们讲述古文与骈体文的异同，还自己带头创作了很多运用古文文体的文章，如《师说》等。他的观点视角独特，引起学生们极大的兴趣，大家都如醍醐灌顶般深受启发，经常来跟韩愈相互探讨。

逐渐地，越来越多的读书人开始接受并撰写古体文，文坛的风气也随之焕然一新。

文学大家

谏迎佛骨

韩愈一生虽然屡遭贬谪，但他直言耿介的性格始终没有改变。

当时，有座有名的佛寺名叫法门寺，里面供奉着一节指骨，据说是佛祖释迦牟尼圆寂火化后留下的遗骨，被称作"佛骨"，十分罕见珍贵。

唐宪宗认为佛骨代表着极大的祥瑞，为了向上天祈求护佑长命百岁，元和十四年（公元819年）正月，他派人将佛骨迎入皇宫供奉三天，之后还要在长安各寺庙轮流供奉，

接受百姓的膜拜。天子行为的煽动力是巨大的。一时之间，上至达官贵人，下到普通百姓，掀起了迎拜佛骨的狂潮，人们一窝蜂地向寺庙捐赠、朝拜，有的甚至为此倾家荡产。

韩愈见了忧心忡忡，因为这样劳民伤财的行为在历史上曾经多次造成国家动荡，有的甚至导致国家灭亡。于是他向皇帝递上一封《论佛骨表》，详细分析不能这样大肆靡费的原因。他直陈供奉佛骨太过荒唐，甚至言辞激烈地说自古以来笃信佛教的帝王都寿数有限，希望可以为皇帝敲响警钟，破除他固执的想法。

然而事与愿违，唐宪宗看到这份奏章勃然大怒。他认为韩愈是在诅咒自己早死，于是一气之下打算将他处死。宰相裴度见状急忙对皇帝说："韩愈的话的确有不当的地方，也应该惩罚，但他是出于一片忠心才劝谏的，如果就这样惩罚他，那么以后就不会有人敢对您说真话了。难道您想看到这样的情况出现吗？"

在朝中官员乃至皇亲国戚的极力劝说下，唐宪宗最终没杀韩愈，而是将他贬为潮州刺史。韩愈又一次远离京城。

出使镇州

唐宪宗去世后，唐穆宗继位，韩愈再一次被调回京城。

文学大家

唐穆宗长庆元年（公元821年）七月，发生了一件举国震惊的大事——镇州叛乱。新任镇州节度使田弘正全家被自己的部下杀害，叛将王庭凑自立为节度使，要求朝廷给予自己任命。唐穆宗得到消息后，派出军队平叛。出乎意料的是，朝廷的军队不但没有顺利拿下镇州，带军的大将牛元翼反而被叛军围困。此时朝廷已经无力再增加兵力，皇帝和大臣们商量后决定同意王庭凑请封的要求，同时再派一名大臣去游说他，解除对牛元翼的包围。但这个人选让皇帝犯了难。

谁都知道，这一去非常危险，身在叛军之中，局面瞬息万变，一言不合就有可能死于非命。所以当唐穆宗询问群臣谁愿前往时，朝堂上的大臣们都一片沉默。眼见无人承担这个重任，韩愈毅然站出来，向皇帝请命前往。

韩愈到了镇州，还没进叛军军营就感到局势严峻棘手。叛军大营守卫森严，士兵神情肃穆，武器不离手，感觉随时准备开战。韩愈毫不畏惧地穿过林立的兵士，走入叛军大营。他从容地扫视了一圈营中各人，最后把目光集中到王庭凑身上，上下打量着他，却迟迟不开口。

王庭凑心中忐忑，终于沉不住气，对韩愈说："大人，此次镇州兵变，不是我授意的，都是下层将士所为，我并不知情。"

韩愈目光如利刃一般瞄向他，终于开了口："皇上认为你有将帅之才，所以任命你为节度使，可你身在其位，却对手下的部队没有任何约束力，如何能让人信任？"

听了韩愈的话，营中众人按捺不住了。他们一拥而上将韩愈围在中间，七嘴八舌地高声叫嚷起来："田弘正对待部下严厉刻薄，全军上上下下都对他不满，我们杀了他是逼不得已的！"

"朝廷如今说是答应了我们的要求，其实还是把我们当作叛贼。我们为了朝廷出生入死，难道就换来这种对待吗？"

韩愈面对激动的众人丝毫没有慌乱。他对环绕的兵士严肃地说："田弘正刻薄铁腕，部下不满，本来能有更好的

文学大家

解决办法,但你们把他杀了,甚至祸及他的家人,这毫无道理。如今重要的是,你们要及时地归顺朝廷,而不是一味地反叛到底。安禄山、史思明割据叛乱,现在子孙没有一个存活,而历来归顺朝廷的叛军,加官晋爵的大有人在。想要什么结果,你们自己考虑吧。"

韩愈的一番话有理有据,有力地震慑住了这一群刚刚还耀武扬威的兵士,一时之间大营中鸦雀无声。王庭凑沉吟许久,只得向韩愈试探着问道:"那依大人所见,我们如今要怎么做呢?"

韩愈见他态度软化,自己心里有了底,于是回答他道:"你只需解除对牛元翼的包围就可以了,既可以化解这次冲突,又向朝廷表明了你的诚意。"

于是,王庭凑按韩愈的话去行事,牛元翼的军队终于解除围困,逃出包围。韩愈圆满完成了自己的使命。

在那之后,韩愈历任国子祭酒、兵部侍郎、吏部侍郎、京兆尹等显要的官职,他在政事上的抱负得以顺利施展,几年间也颇有作为。

长庆四年(公元824年),韩愈在京城家中逝世,终年五十七岁。他去世后被追赠为礼部尚书,谥号"文"。因此,后世多以"韩文公"来称呼他。韩愈为人刚正朴直,一生遭逢几番沉浮却不改变最初的志向。他著书立说,开风

气之先，对当时和后来的文坛都有着极大的影响。

主要成就

韩愈在文学上的成就多集中于诗、文。他与柳宗元所倡导的"古文运动"，主张继承先秦、两汉时期的散文传统，反对当时一度流行的只讲求形式对仗而忽视内容的骈体文。韩愈率先垂范，他的文章气势雄伟，说理透彻，逻辑性强，被尊为"唐宋八大家"之首。当时，人们将他的文章称为"韩文"，赞誉极多。韩愈的这一主张也得到许多文人的推崇，杜牧把韩文与杜诗并列，称为"杜诗韩笔"；苏轼则称他"文起八代之衰"。"古文运动"为古文开辟出另一条创新性的发展道路，对后世的影响不可估量。

除了文章之外，韩愈在诗歌方面成就也非常高。他的诗注重气势，以文为诗，把新的古文语言、章法、技巧引入到诗歌创作中，增强了诗的表达功能，扩大了诗的领域，纠正了大历（公元766年－公元788年）以来的平庸诗风。

在思想方面，韩愈也颇有建树。韩愈所处的时代，儒学式微，佛道盛行，但是他对儒学极为推崇，终身致力于复兴儒学，并取得了极大的成功，为宋明理学奠定了基础。

/作品欣赏

师 说

古之学者必有师。师者，所以传道受业解惑也。人非生而知之者，孰能无惑？惑而不从师，其为惑也，终不解矣。生乎吾前，其闻道也固先乎吾，吾从而师之；生乎吾后，其闻道也亦先乎吾，吾从而师之。吾师道也，夫庸知其年之先后生于吾乎？是故无贵无贱，无长无少，道之所存，师之所存也。

嗟乎！师道之不传也久矣！欲人之无惑也难矣！古之圣人，其出人也远矣，犹且从师而问焉；今之众人，其下圣人也亦远矣，而耻学于师。是故圣益圣，愚益愚。圣人之所以为圣，愚人之所以为愚，其皆出于此乎？爱其子，择师而教之；于其身也，则耻师焉，惑矣。彼童子之师，授之书而习其句读者，非吾所谓传其道解其惑者也。

句读之不知，惑之不解，或师焉，或不焉，小学而大遗，吾未见其明也。巫医乐师百工之人，不耻相师。士大夫之族，曰师曰弟子云者，则群聚而笑之。问之，则曰："彼与彼年相若也，道相似也，位卑则足羞，官盛则近谀。"呜呼！师道之不复，可知矣。巫医乐师百工之人，君子不齿，今其智乃反不能及，其可怪也欤(yú)！

圣人无常师。孔子师郯(tán)子、苌弘、师襄、老聃。郯子之徒，其贤不及孔子。孔子曰：三人行，则必有我师。是故弟子不必不如师，师不必贤于弟子，闻道有先后，术业有专攻，如是而已。

李氏子蟠，年十七，好古文，六艺经传皆通习之，不拘于时，学于余。余嘉其能行古道，作《师说》以贻之。

白居易

姓名／白居易

字／乐天

号／香山居士、醉吟先生

朝代（时期）／唐朝

出生地／郑州新郑（今属河南）

出生年代／公元 772 年

逝世年代／公元 846 年

主要成就／新乐府运动的主要倡导者，写下许多反映人民疾苦的诗篇

代表作品／《长恨歌》《卖炭翁》《琵琶行》

白居易，唐代伟大的现实主义诗人，他的诗歌题材广泛，形式多样，尤其长于叙事。他著作丰富，有近三千首诗流传至今，为唐代之冠。他的代表诗作有《长恨歌》《卖炭翁》《琵琶行》等。

壹 生于唐代战乱时期，天资聪颖，才名远扬。

贰 投诗顾况，颇受赞誉，名满长安。

叁 步入仕途，因刚直敢言，屡遭贬谪，作《琵琶行》。

肆 后半生官职低微，仍勤政爱民，修筑白公堤。

伍 厌倦官场，寄情诗文，终其一生，笔耕不辍。

投诗顾况

白居易出生在唐代一个中小官僚家庭。他出生后没多久,他的家乡就爆发了战争,他只得跟随家人一起在战乱中辗转飘零。颠沛流离的童年并没有让白居易这颗巨星陨落,他天资聪颖,读书用功,为了推敲文章,经常大声诵读,以至一度生出口疮。在如此刻苦的努力下,白居易十几岁时就写出了不少优秀诗文,在家乡声名鹊起。

十六岁时,白居易离开家来到京城,想凭借自己的才华在朝廷里谋取一官半职。当时,京城有位名叫顾况的大诗人,文采很好,名气也很大,很多人都去向他请教,拜

访他的人络绎不绝。然而，顾况为人非常清高，对他人的诗文往往过分挑剔，言辞也很犀利，想得到他的称赞非常不易。白居易十分敬重顾况，想请他品评一下自己的作品。于是，他带上新写的诗稿，忐忑地登门拜访顾况。

初次见面，顾况并不觉得面前这个其貌不扬的年轻人有什么特别，他面容清瘦，言语不多，把诗稿交到自己手上之后便不再出声。顾况低头看了一眼诗稿，见上面写着"白居易"三个字，不由起了玩笑之心，便抬头对白居易说："居易、居易，长安城里的米是很贵的，想在这里居住下来可是不易啊！"

白居易被调侃得红了脸，显得有些手足无措。顾况看了看这个还不懂如何缓解尴尬的年轻人，觉得有点好笑。他信手翻开诗稿，入眼第一篇是《赋得古原草送别》：

离离原上草，一岁一枯荣。

野火烧不尽，春风吹又生。

远芳侵古道，晴翠接荒城。

又送王孙去，萋萋满别情。

"妙！"顾况瞪大双眼，激动得当场叫了出来，一下子就被这首作品打动了。他兴奋地抓住白居易的手说："孩子，你有这样的才华，在长安居住简直太容易啦！我刚刚说的话你可别介意，哎呀，真是太惭愧啦！"

自此之后，顾况逢人便夸奖白居易，对他的作品大加赞赏。很快，白居易的名气就大了起来，但他并没有因此自满，而是继续加倍勤奋地写诗、练字，甚至把手肘都磨出了老茧。

文学大家

仕宦生涯

功夫不负有心人，白居易经过多年苦读之后终于通过科举考试，步入仕途。然而朝堂倾轧，风云变幻，他果敢直言的性格得罪了不少人。白居易几番遭到贬斥之后，被调离京城，到周至县做了一名县尉。

县尉的工作非常繁杂，除了帮助县令维持地方治安之外，还要负责收取赋税租银。因此，白居易需要经常到山村里去，久而久之便和村民们熟悉起来。在与百姓的交流中，他了解到这些生活在社会底层的人们的疾苦，对他们生出深深的同情。

一天，白居易办事途中经过一个小山村。这个山村的贫困一望而知：房子又小又破，篱笆都扎不牢。已经到了正午，可奇怪的是，村子里只能见到妇女和孩子，一个青壮年都看不到。白居易有些好奇地上前打听，才知道原来村里的男人们都去南边山岗上割麦子了。

白居易站在南山岗子上往麦田望去，只见满眼都是沉甸甸、黄澄澄的麦子。他想到这一年的收成想必很好，心里不禁有些高兴。然而，当他看到正在麦田间挥汗如雨劳作着的农夫时，又不禁为他们的辛苦而感叹。

正在他感慨万千时，突然传来一阵哭声。白居易转头

看去，发现是一位衣衫褴褛的女人，带着一个面色青黄的孩子，在一块已经收割完的麦地里捡麦穗。正值中午，烈日炎炎，还没吃午饭的孩子又热又饿，忍不住大哭起来。然而，母亲只是嘴上哄着他，手上并没有停下捡拾麦穗的活计。

白居易走过去，向女人询问起来："这么热的天，你怎么带着孩子出来捡麦穗呢？"

女人重重地叹了口气，向白居易倾诉起来。原来，她家里本来有几亩农田，靠着丈夫耕种勉强度日。前几年收成不好，租税又重，一家人实在负担不起，便把田地卖了出去。本想做点其他营生，谁知丈夫得了急病，没几天就去世了。剩下她和孩子，孤儿寡母，没有活命的法子，只能靠捡麦穗来填肚子。

白居易听完后一阵沉默，世间总是有人过着如此艰难困苦的日子。当晚，他想起白天的见闻，感触颇多，挥笔写下诗歌《观刈（yì）麦》，诗中充满了他对劳苦人民的深切同情。

几年之后，白居易得到提拔，被调回京城，成为一名谏官。这是专司给皇帝进言提意见的官职，很容易因为说了不中听的话而获罪。所以，担任这个官职的人大都应付了事，敢真正给皇帝提意见的人少之又少。但是白居易性

文学大家

格特别耿直，一直兢兢业业地履行着自己的职责。可想而知，他也因此招来不少麻烦。

一次，河北发生叛乱。皇帝紧急和大臣们商议对策，想指派自己宠信的宦官吐突承璀挂帅，集合几个州的兵力前去平叛。吐突承璀此前从来没有带过兵，对行军打仗一无所知。大臣们都非常担心，觉得这个人选不合适。白居易第一个站出来，强烈反对这一任命。

白居易对皇帝说："吐突承璀没有带过兵，让他来指挥如此庞大的军队，承担如此重要的责任，这怎么可以呢！"

皇帝对白居易的话很不以为然，摇了摇头，对他说："吐突承璀对朕忠心耿耿，把军队交给他，朕很放心。"

白居易着急地再一次进言道："打仗平叛是国家的大事，军队首领更是重中之重，丝毫轻忽不得，皇上可千万要慎重啊！"

这时，皇帝立刻沉下脸："你不用再说了，朕已经决定了，不会再更改了。"

白居易眼见皇帝固执己见，心急如焚，再一次上前争取道："皇上，宦官不可允许带兵是古来就有的规矩，您怎么可以违背呢？还请您收回成命吧！"

这下子，皇帝被彻底惹火了。他站起身来，生气地一甩袖子，头也不回地退朝离开了。

诸如这般顶撞皇帝的事，白居易在谏官任上干了很多次，使得皇帝对他非常恼火。转眼三年过去，白居易的任期已满，皇帝立刻把他调离了京城。

从此，白居易开始了后半生辗转漂泊的日子，再也没有担任过重要的官职。天长日久，他也厌倦了官场仕途，渐渐寄情于诗文之中。但白居易始终关心着百姓的疾苦。他在任杭州刺史时，为了方便西湖边的百姓灌溉农田，主持修造了一条长堤，这条堤坝被后人命名为"白公堤"，一直沿用到今天。他晚年长居洛阳，年过古稀依然组织开凿、疏通伊河河道，让过往的船工不必再绕行险峻的八节滩，大大降低了他们行船的危险度。

公元846年，白居易因病去世，享年七十四岁。他一生跌宕曲折，几经起落，开始时对官场功名满怀渴盼，到最终却只剩失望和厌弃。幸好，他对文学的追求一如既往，终身都保持着热情，笔耕不辍。白居易流传下来的诗作非常多，尤以讽喻诗成就最高。他的诗歌语言优美，刻画生动，连当时的底层人民都可以读懂，影响极为突出。他的很多作品直到今天仍然家喻户晓。对于白居易来说，这应该是最值得欣慰的事情了。

文学大家

《琵琶行》

　　白居易在担任江州司马的时候，发生过一件看似平常却又不平常的事情。

　　司马是一个闲职，平时没有太多的公务需要处理，因此，白居易闲时便四处游历，探访名山胜景。

　　一天，他到浔阳江畔送别朋友，正在话别之际，忽然听到江中传来一阵歌声。这歌声凄婉悠远，如泣如诉，白居易和朋友听得都不由停下叙话。他们循声望去，只见江面上停着一只小船，歌声正是从这只小船里传出来的。

　　白居易和友人听完了一整首曲子，都按捺不住好奇，便向着船的方向喊了起来："不知是哪位高贤在此弹琴，我等深为倾慕，可否屈驾过来一见？"

　　等了好一会儿，船舱中走出来一位女子。她看上去四十来岁，尽管用琵琶遮住半张脸，但从身姿风度依然可以想见她年轻时的美丽风华。

　　女子向白居易等人见礼之后，大家请她再表演一曲。女子应声点头，拂动琴弦，曼声唱了起来。

　　歌声再度响起，白居易和朋友都沉浸在美妙的音乐中。琵琶声如淙淙流水，熨帖着每个人的心田，而女子的歌声，低幽处柔肠百转，高亢处清越动听，如细小莹润的珍珠敲

了不起的中国历史人物

打在玉盘上。一曲完毕，众人久久不能回神，都被这满含情感的歌声震撼住了。

在闲谈的过程中，他们得知了她曲折的身世。原来，这个女子本是长安的一名歌伎，由于才貌双全，艳名远播，赢得无数公子名流的喜爱。但是随着她渐渐老去，风韵不复当年，那些曾经围绕在她身边的王孙公子就都疏远了。后来，她嫁给了一个商人，随他一起离开长安来到这里生活。每当商人出外做生意时，她就只能独自一人守在这江上的空船里，靠唱歌弹琴排遣愁绪。

白居易听着她的话，感伤不已。他想到自己当初调任京城时的意气风发，在朝内屡次直谏却频遭打击，失宠君前。如今，他只能在这偏僻之地任个闲职，一路走来与这女子的经历何其相似！

想到这里，白居易不禁潸然泪下，挥笔写下《琵琶行》这首叙事长诗，为女子的绝妙歌艺表示赞叹，对她的曲折经历极尽同情，同时也抒发了自己的郁愤。

主要成就

白居易是新乐府运动的主要倡导者，写下了不少反映百姓疾苦的壮丽诗篇。他的诗歌以其对通俗性、写实性的

突出强调和全力表现，在中国诗歌史上占有重要的地位。他将自己的作品分为讽喻、闲适、感伤和杂律四类，并提出自己的文学主张："文章合为时而著，歌诗合为事而作。"他的这种主张对于敦促诗人体察世情，关心民生，是有进步意义的，对唐初以来逐渐偏重形式的诗风，也起到了有效的扭转作用。

/作品欣赏

琵琶行(节选)

浔阳江头夜送客,枫叶荻花秋瑟瑟。

主人下马客在船,举酒欲饮无管弦。

醉不成欢惨将别,别时茫茫江浸月。

忽闻水上琵琶声,主人忘归客不发。

寻声暗问弹者谁?琵琶声停欲语迟。

移船相近邀相见,添酒回灯重开宴。

千呼万唤始出来,犹抱琵琶半遮面。

转轴拨弦三两声,未成曲调先有情。

弦弦掩抑声声思,似诉平生不得志。

低眉信手续续弹,说尽心中无限事。

轻拢慢捻抹复挑,初为《霓裳》后《六幺》。

大弦嘈嘈如急雨,小弦切切如私语。

嘈嘈切切错杂弹,大珠小珠落玉盘。

间关莺语花底滑,幽咽泉流冰下难。

冰泉冷涩弦凝绝,凝绝不通声暂歇。

别有幽愁暗恨生,此时无声胜有声。

银瓶乍破水浆迸,铁骑突出刀枪鸣。

曲终收拨当心画,四弦一声如裂帛。

东船西舫悄无言,唯见江心秋月白。

苏轼

姓名 / 苏轼

字 / 子瞻、和仲

号 / 东坡居士、铁冠道人

朝代（时期）/ 北宋

出生地 / 眉州眉山（今四川眉山）

出生年代 / 公元 1037 年

逝世年代 / 公元 1101 年

主要成就 / 北宋中期文坛领袖，唐宋八大家之一，豪放词派开创者

代表作品 /《赤壁赋》《念奴娇·赤壁怀古》《游石钟山记》

苏轼，宋代文学最高成就的代表，在诗、词、文方面都达到了极高的造诣。他的诗题材广阔，清新豪健，善用夸张、比喻。他的词挥洒自如，想象丰富，自成一派。他的文气势雄放，语言却平易自然。他的主要作品有《赤壁赋》《念奴娇·赤壁怀古》《游石钟山记》等。

壹 生于北宋书香门第，自幼聪颖好学。

贰 一门父子三词客，
名动京城，被尊为"三苏"。

叁 乌台诗案爆发，被诬入狱，
多方求情，终免一死。

肆 问汝平生功业，黄州、惠州、儋州。

伍 年逾花甲，北归常州，
不久病逝，追谥"文忠"。

一门父子三词客

苏轼出生于北宋中期的一个书香门第。苏轼的父亲苏洵幼时不爱读书,成家后在妻子的劝说下开始发奋习读。苏洵凭借过人的天资和努力,在短短数年内就取得长足进步,经年累月下来,成为了一个很有学问的人。他与妻子生下两个儿子,分别取名为"苏轼、苏辙"。这两个儿子都非常聪颖好学,在父母的教导和鼓励之下,小小年纪就对文学产生了相当浓厚的兴趣。他们长大后,都成了远近闻名的才子。

苏洵见两个儿子都到了可以参加科举考试的年纪,便带着他们离开家,来到京师汴梁。兄弟俩果然没有让父亲失望,接连及第,都被皇帝钦点为进士。兄弟俩双双登第的事情一时之间名满京师。父亲苏洵非常高兴,同时也想试试自己的才能,就前去拜访科举主考官欧阳修,将自己所写的文章献给他,希望能得到他的指点和评价。欧阳修看过苏洵的文章后,大为欣赏,夸赞苏洵的文章天下难得,

并把它上奏给了皇帝。如此一来，苏洵的才名也震动了整个京城，苏氏一门父子三人，被人们尊称为"三苏"。后来，人们将唐、宋两朝出现的八位著名散文家合称为"唐宋八大家"，"三苏"就名列其中。

按照朝廷的惯例，考中进士的人会被授予官职。就在苏轼兄弟等待授官的时候，传来一个不幸的消息——他们的母亲去世了。宋朝有明文规定，子女须为父母守孝三年。于是，苏氏父子离开了让他们名声大噪的京城，回到家乡。在守孝赋闲的这三年间，父子三人专心致力于创作，才名越来越响亮。孝期一满，三人再次来到京城。这一次他们都被授予了官职。

乌台诗案

当时的北宋，经历了连年与辽、西夏的战争，加之大量的土地兼并和官员冗余，形成了国弱民穷的局面。皇帝宋神宗为了改变这一积贫积弱的现状，决定任用宰相王安石实施变法，推行"新政"，改革社会弊端。围绕着变法的主张和措施，朝廷上下分为支持与反对两派，双方针锋相对，互不相让。虽然苏轼主张改革，但是他认为王安石的"新政"太过激进，施行下去将弊大于利，于是他上疏宋神

宗，阐述自己的观点。没想到的是，力主变法的宋神宗看到苏轼的奏折后勃然大怒，将他调出了京城。从此，苏轼开始了颠沛流离的为官之路。

尽管苏轼遭到贬斥，但他还是坚持自己的立场，认为"新政"在制订和施行上存在着重大缺陷，不应继续推行。这样的不满反映在他笔下的诗文里。想不到的是，这些或讽刺或暗喻的文字不久之后给他惹来了大祸。

这天，时任湖州太守的苏轼正在府衙办公，突然接到御史中丞的命令——要即刻将他押解进京。御史中丞是监管和检举官吏的官员，苏轼心知这一去前途未卜，十有八九会大祸临头。他甚至没有跟家人话别就被押解上了路。不出所料，苏轼一到京城就被押入监狱。

原来，在苏轼被外放之后，朝廷内关于"新政"的讨论仍在继续，支持派与反对派的大臣之间矛盾越来越深，几乎发展成为派系相互间的蓄意攻击。而苏轼那些抨击"新政"的诗文就成了支持派大臣手中的把柄。因此有人给宋神宗上疏，称苏轼对朝政非常不满。支持派想借处罚苏轼来打击反对"新政"的大臣。

苏轼身在狱中，难免受到严厉的审讯。御史们将他写的文章细细筛选，除了将讽刺"新政"的文章重点宣扬之外，还将很多无关的诗文断章取义，夸大其词，极力给他

文学大家

扣上"诽谤朝政,讥讽圣上"的罪名。苏轼日夜受审,精神饱受折磨,每天都惶恐不安如惊弓之鸟一般。

但与此同时,朝中也有很多力量在为苏轼奔走求情。一些大臣反对御史胡乱判案,牵连无辜,他们不断给皇帝上书,请求依照祖制轻判苏轼。主持"变法"且与苏轼立场不同的王安石也以"圣朝不宜诛名士"来劝说宋神宗,最后

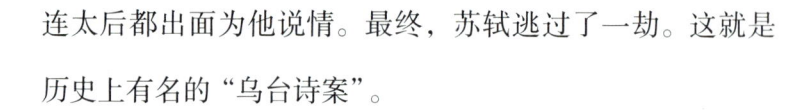

连太后都出面为他说情。最终，苏轼逃过了一劫。这就是历史上有名的"乌台诗案"。

被贬黄州

苏轼终免一死，被贬谪到黄州担任团练副使。他经历过这次九死一生的大难后，思想发生了巨大的转折，笔下的诗文也由少年壮怀的无谓喟叹转向平淡致远的疏阔旷达。

文学大家

他在黄州名为官员，实际上并没有职权，行动出入还受到监管限制。他薪俸不高，生活十分困顿。为了生计着想，他与家人一起开垦出几亩田地，种上粮食和蔬菜，保证一家人的吃食。

虽然日子过得十分艰难，但是苏轼开朗豁达，并没有将这些苦难放在心上，而是从田园生活中去发现别样的乐趣。他想起大诗人白居易曾经也像自己一样在山坡的东面种树栽花，就给自己取了个"东坡居士"的别号。渐渐地，人们就经常称呼他"东坡"。

黄州附近有个地方叫作"赤壁矶"，传说是三国时期赤壁之战的战场，苏轼一直很向往那里。一天，他约上几个朋友，一起去赤壁矶游览。一行人乘舟而行，苏轼站在船头，被身侧的景色深深地震撼住。壁立千仞，惊涛拍岸，卷起的浪花如层层堆积的白雪，呼啸的风声似万马千军。他看着这壮丽的景象，遥想起当年三国时期，据守江东的周瑜正是在这里击退来犯的曹军，缔造了以弱胜强的不世功业，一股豪情激流不由涌上心头。他望着天边明月，再联想到自己，年近半百而仕途多舛，报效国家的心愿也未能实现，充溢胸间的豪气里又添了一丝怅然。怀着这样复杂的心情，苏轼举起手中酒盏，将一杯酒尽数倒入江中，祭给了江中明月和古时的英雄。

从赤壁矶回来后不久，苏轼就写下《赤壁赋》以及《念奴娇·赤壁怀古》一词，借古喻今，抒发自己壮志难酬的心情。词赋一出即被广泛传诵。尤其是《念奴娇·赤壁怀古》，这首词以豪迈的笔触、深远的意境以及细腻的刻画，打破了长期以来宋词以男女情爱为主题的创作框架，使词的面貌焕然一新。从此，苏轼开创出豪放词派。

苏、王传佳话

苏轼在黄州一待就是四年多，直到宋神宗读到苏轼越来越多的诗文，由衷地佩服他的才华，才再度起用他，将他调往汝州任职。途中经过金陵（今江苏南京）的时候，苏轼做出了一件令人意外却在情理之中的事情——他去拜访了已经辞去官职，隐居于此的王安石。当初王安石变法的时候，苏轼并不赞成，多次发声反对，也因此酿成了乌台诗案，几乎丢掉性命。可赞的是，苏王二人虽然政见不同，但是从不挟带偏见，互相攻击，始终保持着清正的风骨。乌台诗案中，王安石为苏轼多方奔走求情，最终助他平安出狱。

王安石听闻苏轼要来拜访他，赶忙换了寻常服饰，骑着毛驴亲自到江边迎接。苏轼一见，马上整装弯腰，要按

文学大家

官职级别给他见礼,却被王安石一把扶起。王安石笑着对他说:"我们这样的人就不要拘礼了。"两人相视而笑,心下都感到无比的畅快。

苏轼与王安石都做过欧阳修的学生,两人平辈论交。王安石比苏轼大几岁,称他为"苏贤弟"。两人谈天说地,畅论国家大事,指点古今文章,竟是越来越投机,连着几天谈聊兴致都不减。后来,两人相约一起去游览蒋山,边

游赏边即兴写诗。王安石对苏轼的作品赞不绝口，当读到"峰多巧障目，江远欲浮天"时更是由衷叹服，感叹自己平生都未曾有过能比得上这两句的作品。苏轼也对王安石的诗高度赞赏。两人相见恨晚，引为平生知己。

苏轼在金陵一留多日，到了不得不离开时，王安石抱病为他送行。看着苏轼远去的背影，王安石对身边的友人说："苏轼这样的人才，不知道要几百年才能再出一个了。"过了几年，王安石去世。当时，苏轼正任职翰林学士知制诰，专为皇帝起草诏书，于是亲自撰写追封王安石的诏书，对他的锐意创新、廉洁奉公、为人正直不吝文墨，奋笔赞叹。此后，苏、王的这段故事，成为文人相交的佳话。

苏堤春晓

苏轼曾经两度到杭州做官。他非常喜欢杭州风物，在那里创作出不少诗文，对杭州百姓很有感情，也为当地做了不少好事。

他第一次来到杭州的时候，对西湖的美景赞叹有加。无论数九寒天还是炽火盛夏，他一有空闲就约请三五好友去西湖赏景。十几年后，他就任杭州太守，再一次来到西湖时，却发现一半的湖面都被淤泥堵塞住了。湖水变得浑

浊不堪，西湖的美景不那么令人赏心悦目了。苏轼决心要疏通西湖。

经过几个昼夜的思考，苏轼终于想到一个办法。他指导征集来的民工，把挖出的淤泥当作原料，在西湖上筑起一座可以连通南北的长堤，再在堤上造六座桥。这样，既处理掉了淤泥，又方便了人们的出行，还能起到疏通水道的作用，真是三全其美！

长堤造好了，西湖又恢复了曾经的美丽。一到春天，湖边碧波桃李相照，新修造的六座小桥于烟波浩渺中倒映在水中，为湖景平添了一抹动人的色彩。

苏轼任职期满后，新任太守依照百姓的愿望，把苏轼主持修建的这条堤坝取名为"苏公堤"，简称"苏堤"。

流落儋州

苏轼为官多年，始终不改耿直不阿的本性，在朝廷中得罪了不少人，经常有人上折弹劾苏轼和他的学生。起初，宋神宗以及在他去世后掌权的皇太后都信任苏轼，所以并未将他治罪。但是皇太后去世后，宋哲宗轻信这些人的话，将苏轼的官职一降再降，把他一路贬去了海南儋（dān）州。

当时，海南生活条件非常差，苏轼面临几乎无处容身

了不起的中国历史人物

的窘境。于是他像当年在黄州一样，再一次务农耕种。当然，也像当年一样乐观平淡。他常常听着屋外连绵不绝的雨声，与当地的百姓围炉饮酒，谈天说地。百姓十分爱戴这位平易近人的大诗人，亲切地称他为"坡翁"。

病逝常州

几年之后，已经六十多岁的苏轼终于得到朝廷的准许，可以离开海南，随意居住。当地百姓很舍不得他，纷纷带着自家做的酒菜来到海边为他送行。苏轼极为感动，眼含泪水饮下送行酒，挥别百姓们，踏上了归途。

然而，长年的颠沛流离损毁了苏轼的身体。北归途中，苏轼染上了重病，到达常州时，病情愈发严重，多番医治后也不见好转。没过多久，苏轼就病逝了。

主要成就

苏轼在文学上取得了非凡的成就。他在诗歌、散文、辞赋方面无不擅长，对词的贡献尤为巨大。苏轼开创了豪放词派，对词进行了全面的改革，突破了以往以"艳科"为主题的格局。他提出了词"自是一家"的主张，使词的文学

地位得到了极大的提升，从根本上改变了这一体裁的发展方向。

与苏轼在词上表现出的"无事不可写，无意不可入"不同的是，苏轼在诗上更注重表现他对社会和人生的思考。他抱持着"一肚皮不合时宜"的观念，无关境遇、波折，始终秉持着批判的态度，对封建社会的陋习大力抨击。而他冷静、旷达的人生态度，也多从诗作中表现出来。

文章方面，苏轼是"唐宋八大家"之一，这是中国古代唐、宋两朝八位散文家的合称。事实上，苏轼的文章并不拘泥于散文。他的文章多姿多彩，包罗万象，有史论、政论，还有叙事游记、议论文。他的很多作品都取得了非常高的艺术成就。

除文学之外，苏轼在书法、绘画上也都有深厚的造诣。他的书法与黄庭坚、米芾、蔡襄并称"宋四家"，集多家之长而自成一家。他所画的墨竹也名声在外，被人们争相收藏。

/作品欣赏

念奴娇 · 赤壁怀古

大江东去,浪淘尽,千古风流人物。故垒西边,人道是:三国周郎赤壁。乱石穿空,惊涛拍岸,卷起千堆雪。江山如画,一时多少豪杰。

遥想公瑾当年,小乔初嫁了,雄姿英发。羽扇纶巾,谈笑间樯橹灰飞烟灭。故国神游,多情应笑我,早生华发。人生如梦,一尊还酹(lèi)江月。

陆游

姓名 / 陆游

字 / 务观

号 / 放翁

朝代（时期）/ 南宋

出生地 / 越州山阴（今浙江绍兴）

出生年代 / 公元 1125 年

逝世年代 / 公元 1210 年

主要成就 / 陆游在诗、词、文方面都有很高的成就，他的《南唐书》具有相当高的史料价值

代表作品 /《游山西村》《示儿》

陆游，南宋文学家、史学家、爱国诗人。陆游一生笔耕不辍，在诗、词、文方面都有极高的造诣。他的诗语言明白晓畅，风格豪迈奔放，充满着强烈的爱国主义情怀，也深沉悲悯地刻画出当时社会的方方面面，对后世具有深远的影响。

壹 生于北宋灭亡之际，自幼忧国忧民，以抗金报国为志。

贰 得罪权臣秦桧，无奈落第，秦桧死后才得以入仕。

叁 奉诏入宫，建言献策，力主北伐。

肆 被主和派视为眼中钉，被多次弹劾、罢官。

伍 北伐愿望破灭，作《示儿》，抱憾而终。

立志抗金

陆游出身名门望族、江南藏书世家。高祖陆轸、祖父陆佃都曾是北宋高官,父亲陆宰也在北宋末年出仕。1127年,北宋被金所灭,宋高宗仓皇逃到南方,定都临安,建立南宋。陆宰跟随着宋高宗,也举家一起南迁。他们躲避着金军的追击,一路都走得提心吊胆,甚至一度为了掩藏行迹,在稻草堆里躲了好几天,耳边不停地响起金军人过马嘶的声音。这种居无定所、惊恐交加的日子给幼小的陆游留下深刻的印象。

南宋建立后,宋高宗偏安一隅,丝毫没有收复失地的想法。非但如此,宋高宗还任用奸臣秦桧,构陷害死抗金名将岳飞,打算向金求和。陆宰见朝廷无能至此,悲愤灰心之下就辞去官职,带着家人回到了老家。

虽然陆宰已经不再为官,但是他依旧关心着国家大事,也经常与朋友在家中促膝长谈。他们对朝廷向金求和纳贡的做法感到既痛心又无奈。这在少年陆游的心里早早地播下了一颗忧国忧民的爱国种子，让他从此以抗金报国为志，以图强奋进为念。

为了实现理想，陆游刻苦读书，从未有所懈怠。他聪慧过人，尤其喜爱诗歌，把李白、杜甫、陶渊明等人的诗集读了又读，细心揣摩。陆游在勤恳努力之下学问日渐增长，十二岁时就能诗会文，又因为长辈的功荫，被授予登仕郎之职。

艰难入仕

南宋求和之后，获得了一段太平的日子。几年之后，朝廷在临安举行锁厅考试，陆游也去参加了。他的试卷文章写得鞭辟入里，文中所主张的收复失地、反击金人的观点独到犀利，通篇文笔流畅精练，情感激越澎湃，在众多考生中鹤立鸡群。当时的主考官名叫陈之茂，他看到陆游这篇文章非常欣赏，也被他的爱国之情深深打动，要将他选为第一名。

正当陈之茂将要下笔拟定的时候，他身边的另一位考官突然伸手将他拦下来。陈之茂不解地看着他，只听这位考官说："陈大人，您难道忘了，今年的科举秦埙也参加了，

第一名是要留给他的呀！"

原来，这个秦埙就是奸臣秦桧的孙子，这一年他也参加了考试。此时的秦桧已经是太师，在朝廷中权力极大，考试前他就放出消息，要让秦埙夺得这一科的"首第"。

陈之茂听完这个官员的话，不禁皱起眉头。秦埙的文章他已经看过，写得华而不实，比陆游写的差远了。秦桧凭借自身权势，干预国家选贤任能，已经令人愤慨至极。而更无奈的是，弄权到这种程度，其他官员却不敢拂逆。陈之茂心道，朝廷正需要陆游这样有抱负、有能力的年轻人！于是他对那位官员说："国家选拔人才，看的是才学能力，还是按照成绩排名吧。"他提起笔，毫不犹豫地将陆游选为第一名，而秦埙最终被列为第二名。秦桧为此非常生气，对陆游也起了嫉恨之心。

第二年复试，陆游依旧发挥得很好，然而放榜时，他却没有找到自己的名字。原来，这一次的主考官换成了秦桧的亲信。在这样的环境下，秦埙"理所当然"地成为第一名，秦桧一党的各位门生、亲戚也都榜上有名，而得罪秦桧的陆游只能落第。

结果一出，身边的人都为陆游感到极度惋惜和不平，陆游自己也很气愤，但是他报效国家的理想并没有就此搁浅。他回到家乡更加刻苦地读书，习练兵法，以期在将来

文学大家

能够为收复河山做出贡献。

第二年，秦桧去世，朝廷中一直被压制的主战派逐渐占据上风，陆游也终于如愿以偿迈入仕途。他先在福州做了几年的地方官，后来，因为文章声名在外被调往临安，负责为朝廷起草文告、诏书。

多次受挫

宋孝宗继位后，听说陆游写诗写得非常好，便将他召到宫中，询问道："你的才华朕都知道了，对于军国大事，你有什么看法吗？"

陆游非常激动，终于能够为皇帝进言献策了！他调整了一下自己的心情，条理清晰地向皇帝说道："陛下有收复河山的想法，这正是臣民、百姓们所盼望的。但是，要达成理想，只靠诏书和命令可不行。如今朝局混乱，人才凋敝，重振国威的第一步就是要整肃朝纲，选贤任能。"

宋孝宗听了，认为陆游的想法正中要害，对他更加赞赏了。

皇帝的态度使陆游以及主战派大臣受到极大的鼓舞，大家都振奋起精神来，开始详细讨论反击金的步骤和计划。随后，陆游起草了北伐的计划，献给了皇帝。

隆兴元年（1163年），宋孝宗以张浚为大将，出兵北伐。北伐初期，南宋军队打了几场胜仗，收复了不少失地，战场形势一片看好。然而时间一长，南宋阵营中开始出现分化，北伐的力量被逐渐削弱。在这样的情势下，战势自然是每况愈下，在吃过几场败仗后，朝廷中求和的声音又

文学大家

多了起来，宋孝宗的决心开始动摇了。最终，他听从与金求和的建议，罢免了张浚。陆游由于积极的主战立场，被求和派视为眼中钉，不久之后，也被罢免了官职。

陆游赋闲几年后再度被起用，任职夔州通判，主管学事及农事。两年之后，南郑的军政长官王炎将他调到自己治下。王炎是个主张抗金的将领，早就听说过陆游的名字，也知道他近几年仕途多舛。他很欣赏陆游的才能和坚定的北伐主张，常常与陆游一起讨论兵法战略。

南郑地处西北抗金前线，陆游在这里更加深入地了解到宋军与金军作战的情况，眼界大大地拓宽了。将士们的热血赤诚，极大地激发出他的创作灵感。在南郑的这段时间，陆游的诗歌无论是在数量上，还是在内容上，都上到了一个新台阶，其中充溢的爱国情怀，读来令人慷慨激昂。为了纪念这一段人生中难得的快意时光，陆游后来将自己的诗集命名为《剑南诗稿》。

然而好景不长，一年以后，王炎被调回临安，陆游也被调到成都做了一名参议官。这是一个没有实权的闲职，陆游眼见自己荒废时日，报国无门，时常感到无比的郁愤。一段日子以后，陆游以前共事过的好友范成大被调任四川最高军政长官。范成大也是有名的诗人，来到四川后与陆游交往颇多，陆游也时常向他倾吐自己的苦闷，甚至在范

成大无心整饬军务时，也会对他加以指责。时间一长，虽然范成大并不介意，但是，陆游还是被看不惯他言行的人参奏，并以"不守礼仪、行为放荡"的理由再一次被罢免官职。他悲愤之下，干脆以"放翁"自称，行事更加肆意，更为频繁地出入酒馆和歌楼。

陆游在四川一待就是八年，八年过后，宋孝宗才陆续将他调任到福州、江西等地，让他管理一些钱粮、水利等事务。陆游在江西的时候，正好赶上发洪水。受灾的百姓无处安身，只能躲到附近的高坡上。周围一片汪洋，百姓们又饿又累，很多人眼看就要支撑不住了。

陆游知道情况后非常痛心，第一时间将受灾的情况报告给朝廷，但是距离赈济粮食发放下来还要很久。灾情不等人，在朝廷还没有下放圣旨前，陆游就果断地打开粮仓，将粮食用船运到高地上。百姓们终于得救了，大家都很感激陆游，但开仓放粮的举动给陆游招来了祸事。朝中一直将他视为眼中钉的主和派大臣借着这件事向皇帝上书，弹劾他擅作主张，藐视皇帝。陆游因此再一次被罢官回家。

幻想破灭

几次三番的挫折，让陆游逐渐看清朝廷安于逸乐的

文学大家

现实，但是他依然抱有一线希望，并且时刻为此努力着。六十一岁这年，陆游终于再度获得任用。他振作精神，一连向皇帝上了三道奏折，阐述整肃朝纲、收复国土的观点。但此时的宋孝宗，早已失去最初继位时的锐意奋进之心。他看过奏折后只淡淡地说："严州山水不错，你还是去那里吧。有时间多写写诗，不要再乱想了。"

陆游的最后一丝希望也破灭了。他心知自己的理想终究化作了泡影。在严州做了三年知州后，他上书皇帝请求告老还乡，很快便获得准许。

之后的岁月，陆游在家乡闲居度过。即便已经不在朝中，但是他依旧关心着国家大事。南宋与金之间时常发生战争，规模大小不一。一次，朝廷在主战派的力主下，组织了一场大规模的北伐。陆游听闻这些消息后振奋不已。但是好景不长，随着战局逐渐胶着，南宋军队不再占据上风，主和派的意见又成为了大势。一如当年那般，南宋用"和议"结束了这次北伐，从此一蹶不振，再也没有了与金对抗的攻坚力量。陆游眼见如此，既为朝廷的昏聩无能感到心痛，也为故国不复的现状感到悲愤。

八十五岁这年，陆游走到自己生命的尽头。他一生以国家统一、收复故土为理想，但是直到临终也没能实现。弥留之际，他将儿子招到床前，用尽力气写下此生最后一

首诗：

> 死去元知万事空，但悲不见九州同。
>
> 王师北定中原日，家祭无忘告乃翁。

这首诗主题意义深刻，力透纸背，凝聚了陆游一生的信念和追求。在即将离世之际，他的不甘和惆怅全部化作对未来希望的坚定。这首洋溢着爱国主义情感的诗歌，激励了后世一代又一代的中华儿女。

主要成就

陆游文才很高，诗歌成就最大。他存世的作品有九千三百多首，大致可分为三个时期：入蜀以前，作品偏重文字形式，追求辞藻修饰的精致工整；入蜀到罢官东归，是他诗歌创作的高峰期，风格发生极大的变化，由早年的"藻绘"转变为追求宏大奔放的风格，诗中充满战斗气息及爱国激情；晚年蛰居故乡后，他的诗逐渐转为质朴、沉实、旷达的田园风格，且多饱含人生感慨。

/作品欣赏

书　愤

早岁那知世事艰，中原北望气如山。

楼船夜雪瓜洲渡，铁马秋风大散关。

塞上长城空自许，镜中衰鬓已先斑。

《出师》一表真名世，千载谁堪伯仲间。

卜算子·咏梅

驿外断桥边，寂寞开无主。已是黄昏独自愁，更著风和雨。

无意苦争春，一任群芳妒。零落成泥碾作尘，只有香如故。

辛弃疾

姓名 / 辛弃疾

字 / 幼安

号 / 稼轩

朝代（时期）/ 南宋

出生地 / 历城（今山东济南）

出生年代 / 公元 1140 年

逝世年代 / 公元 1207 年

主要成就 / 两宋时期存词最多的作家，继承并开拓了豪放派词风

代表作品 /《摸鱼儿·更能消几番风雨》《永遇乐·京口北固亭怀古》

辛弃疾，南宋豪放派词人，现存词六百多首，是两宋现存词最多的作家。他的词艺术风格多样，题材广泛，有着强烈的爱国主义思想和战斗精神。辛弃疾一生致力于清除积弊，恢复河山，然而由于当时的朝堂被主和派把持，他被弹劾落职，只得退隐山居。

壹 生于金人统治区，自幼立志抗金报国。

贰 率数十人袭击万人敌营，生擒叛徒张安国。

叁 入仕南宋，北伐理想却迟迟无法实现。

肆 就任潭州知州，组建劲旅飞虎军。

伍 被弹劾罢官，闲居二十年，壮志难酬。

立志抗金

辛弃疾出生于山东历城，在他出生之前，他的家乡就被金人占领了。辛弃疾少年时，父母相继去世，他被祖父一手抚养长大。辛弃疾的祖父辛赞在金军入侵、家乡沦陷时来不及带领家人迁走，只得留下来接受金人的统治。他身为文人，为了一家人的生计，不得已忍受着屈辱，在金朝为官。

在金人的统治下，人民的生活困苦不堪。辛赞眼见山河破碎、家国蒙难，感到非常痛心。他经常夜不能寐，吟诵南宋诗人陆游的诗篇，殷殷盼望宋朝的军队可以早日北上，收复河山。

文学大家

在祖父的耳濡目染下，辛弃疾早早立下抗金报国的志向。他从小就文武兼修，不但用功读书，还专心练习武术剑法。长大成人后，辛弃疾成了一个文武全才，不光文章写得好，还通晓兵法战略，身上散发出一种燕赵之地的侠士之气。

一战成名

绍兴三十一年（1161年），金主完颜亮大举南侵，企图灭亡南宋。这时，沦陷区内的汉族人民不堪金人的长期奴役和压榨，纷纷起义反抗。其中，一个名叫耿京的人领导的抗金起义军是山东义军中最大的一支。二十一岁的辛弃疾也投入到这场声势浩大的起义里。他聚集起一支两千人的队伍，投奔耿京，在他的义军中担任掌书记。

人心所向，星星之火足以燎原。金人陷入腹背受敌的苦战之中，内部开始逐渐出现主战与主和的分歧。正在金人徘徊的时候，一个突发的变故改变了全盘局势——完颜亮在前线被自己的部下杀害。金军失去领主，只得放弃侵略，向北撤退。起义军听到消息后大受鼓舞，希望能够趁势与南宋朝廷两相配合，夹击金兵，一鼓作气收复失地。辛弃疾被委以南下联络的重任。

可想而知，这一路上必然会面临数不清的艰难险阻，可辛弃疾还是毫不犹豫地纵马出发了。他们一行历经重重波折，穿越烽火关隘，终于到达建康（今江苏南京）。他们向南宋朝廷报告了起义军的情况，与朝廷建立了联系，准备共同作战。

辛弃疾成功地完成了使命，正为此兴奋不已时，却听到一则晴天霹雳般的消息——耿京被叛徒张安国密谋杀害，起义军一夕之间失去首领，化为一盘散沙，另有一部分随张安国叛投了敌营。大好局面就此葬送，辛弃疾痛心不已，立誓要严惩叛徒。他当机立断，带领五十多人驰赴张安国所在的金营。

到达大营附近时，辛弃疾犯了难——这里有五万金兵，守备十分严密，想要接近张安国非常困难。原来，张安国杀害耿京后知道会时时面临危险，所以在大营内外布下重兵。辛弃疾见此，知道硬闯已是不可能的，就想出一个智取的办法。

他计划以投诚的名义将张安国引诱到大营外，然后出其不意地将其挟制带走。

计划进行得十分顺利，张安国听到大营门口只有一个人，果真放下戒心，亲自来到营外与投诚的人见面。事先埋伏在营外的辛弃疾等人抓住机会，一举冲上将张安国包围起来，不等他呼救就用布巾堵住了他的嘴，将他绑上马背，疾风似的撤走了。

辛弃疾等人决定将张安国送往建康，交给南宋朝廷处置。他们一路看押着张安国，躲避金军的追捕，日伏夜出，换马不换人，直到渡过淮河，离开金人的范围才稍稍放慢脚步。他们顺利地到达建康，将张安国交给南宋朝廷绳之以法，终于让这个叛徒得到了应有的惩罚。

仕宦生涯

经过这件事后，辛弃疾的名字在南宋百姓中迅速传扬开来，大家津津乐道于他的机智和勇敢，南宋朝廷也任命他为江阴签判。辛弃疾由此正式开始了他的仕宦生涯。

此时，风华正茂、壮志满怀的辛弃疾并不会想到，他归顺南宋，这看似轰轰烈烈的开端，却没有迎来一个令他如愿以偿的结局。

辛弃疾满怀北伐理想，然而，起义将领的身份使得南宋朝廷对他并不十分放心，他与南宋朝廷内的主和派大臣也多有摩擦，因此朝廷只交给他一些管理文书的工作，并未重用他。直到第二年，宋高宗让位于宋孝宗，辛弃疾才迎来了改变这一现状的契机。

宋孝宗继位之初锐意进取，抗金雪耻的意愿很强烈，辛弃疾感到非常振奋，就写下很多建议抗金的文章，如《美芹十论》《九议》等。这些文章在当时的社会产生了巨大的影响，老百姓们争相传诵，极大地鼓舞了人们抗金雪耻的决心。

然而令人始料未及的是，宋孝宗在不久之后就转变了想法。由于常年的战争投入以及战事的节节失利，朝廷在北伐的态度上渐渐冷淡下来，对辛弃疾的主张也不置可否。不过值得庆幸的是，辛弃疾在这些文章中显露出的实际才干终于得到朝廷的重视。他先后被派往江西、湖北等地担任转运使、安抚使等重要官职。辛弃疾在任上兢兢业业，处理政事果决干练，做了不少实事，得到百姓的交口称赞。

但是对于辛弃疾而言，这样的现状与他一直以来的抗金理想相去甚远。在日复一日的希望与等待中，他感受到越来越强烈的失落与迷茫，内心也逐渐被压抑和痛苦的阴云笼罩。

内心的苦闷无法发泄，际遇的坎坷也无从避免。辛弃疾的正直刚强与南宋官场里充斥的庸碌无为格格不入，再加上他的身份，使得他始终不为南宋朝廷信任，仕宦之路走得很不顺利，前后几次遭到弹劾贬斥，终其一生所任最高官职也仅为四品龙图阁待制。

文学大家

组建飞虎军

四十岁那年，辛弃疾被调到湖南任潭州知州。

辛弃疾到了任上，在了解了当地的基本情况后，决心组织一支军队，既可以维护当地的安定，又能够为将来的北伐培养一支后备力量，不至于到时捉襟见肘，无人可用。

辛弃疾立下目标后，开始有条不紊地组织军队。他从建造营房开始，时常亲自去工地监督工程，大到士兵的招募，小到一砖一瓦的制作，无不倾注着他的心血。然而，就是这砖瓦为他带来了不小的麻烦。

辛弃疾组织建造营房的时候正值秋季，终日雨水连绵，砖瓦根本无法烧制，但是工期紧急，不能无休止地等下去，辛弃疾为此非常着急。他思虑再三，决定发动百姓，以每二十块瓦一百文的价格向全城居民购买砖瓦。消息一出，百姓们都很积极，几天时间就收到了二十万块瓦，足够建造军营用的了。

然而，辛弃疾筹措砖瓦的事情不胫而走，朝廷中与他素有嫌隙的大臣知道了这件事。他们上奏给宋孝宗，称辛弃疾利用组建军队的名义大肆敛财，致使民怨沸腾。宋孝宗听报震怒，立刻颁下一道金牌，要求辛弃疾马上停止工程。

辛弃疾接到旨意，心下非常矛盾。眼看营房就要建成了，难道就此功亏一篑？反复思量之下，他决定先将旨意放在一旁，等完成了营房建造再向孝宗解释缘由。于是他硬着头皮收起金牌，指挥大家加快建造速度。不久以后，营房造好了。辛弃疾这才向孝宗上疏，详细阐述了砖瓦的来历和筹措过程，言明并未搜刮民脂民膏。得知真相的宋孝宗知道错怪了辛弃疾，也就不再追究了。

营房建好后，军队也很快组建了起来。辛弃疾为这支两千步兵、五百骑兵的军队定名"飞虎军"。他不辞辛苦亲自参与军队的操练,将它打造成了一支敢打敢拼、能征善战的队伍。

后来,"飞虎军"与金军在战场上相遇,他们的勇猛使得金军非常头疼。"飞虎军"的名气越来越大,逐渐成了南宋特别倚重的一支军队,但当时的辛弃疾早已不再是潭州知州了。

闲居终老

辛弃疾深知自己在官场的日子不会长久,所以早已做好了归隐的准备,在上饶的带湖附近建造了一座园林式的庄园,以备日后隐居所用。辛弃疾根据带湖周围的地形地势,亲自设计了"高处建舍,低处辟田"的庄园格局,并对家人说:"人生在勤,当以力田为先。"因此,他把带湖庄园取名为"稼轩",并以此自号"稼轩居士"。

果不其然,带湖新居刚建成不久,辛弃疾就遭到弹劾,被罢免了官职。于是,他回到上饶,开始了他长达二十年的闲居生活。

闲居期间,他虽然几度被朝廷起用,却也都很快就遭到罢免,并不长久。

1207年秋,六十七岁的辛弃疾因病去世。他平生以气

节自负，以功业自诩，虽有收复河山的远大抱负，并终其一生为之呕心沥血，然而他的夙愿始终都没能达成。在这样忧愤的心情之下，辛弃疾只得将满腔壮怀的激情尽付笔端。他写民生，写哲思，写田园生活，写宦海沉浮，写亲友之间的情谊，也写恋人之间的爱慕，以一颗拳拳之心写下一篇篇传世佳作，为后世的人们留下了取之不尽、用之不竭的精神源泉。

主要成就

辛弃疾是豪放派词人的代表，开拓了词的思想意境。辛弃疾现今存世的词作有六百多首，多以报国豪情为主题，饱含激昂的热情和磅礴的情感。他的作品风格鲜明，独树一帜，在我国古代文学史上留下了浓墨重彩的一笔。除了爱国题材，辛弃疾的词作也涉及其他很多方面，如民生、友谊、田园风光等等。他的作品极大地拓宽了词的表达内容，丰富了创作题材，提高了思想境界。

/作品欣赏

永遇乐·京口北固亭怀古

千古江山，英雄无觅，孙仲谋处。舞榭歌台，风流总被，雨打风吹去。斜阳草树，寻常巷陌，人道寄奴曾住。想当年，金戈铁马，气吞万里如虎。

元嘉草草，封狼居胥，赢得仓皇北顾。四十三年，望中犹记，烽火扬州路。可堪回首，佛狸祠下，一片神鸦社鼓。凭谁问：廉颇老矣，尚能饭否？

蒲松龄

姓名／蒲松龄

字／留仙、剑臣

号／柳泉居士

朝代（时期）／清朝

出生地／济南府淄川（今山东淄博）

出生年代／公元1640年

逝世年代／公元1715年

主要成就／创作短篇小说集《聊斋志异》，被誉为中国的"短篇小说之王"

代表作品／《聊斋志异》

蒲松龄，世称聊斋先生，自称异史氏，清代著名的小说家、文学家。蒲松龄一生参加过多次乡试，全都以失败告终，但他将自己平时搜集到的大量民间故事编辑成册，创作了一本举世闻名的文言文短篇志怪小说集《聊斋志异》。

壹 生于清代，幼时聪敏好学，刻苦努力，颇有心得。

贰 十九岁应童子试，接连考取县、道、府三个第一，名震一时。

叁 三次乡试均名落孙山，开始辗转谋生。

肆 投靠宝应县令，担任幕僚，写诗应酬，空度时日。

伍 辞官回乡，教书研学，创作《聊斋志异》。

连中三个第一

蒲松龄出生于山东省淄川县的蒲家庄，他的父亲蒲槃（pán）是个读书人，早年科考失败后转而经商，但是生意也做得平平，家里日子过得紧巴巴的。蒲松龄有兄妹五人，他排行第三。家境不富裕，人口又多，孩子们到了要开蒙入学的年纪，家中请不起老师，蒲槃就亲自教导孩子们念书。小蒲松龄聪敏好学，刻苦努力，是几个孩子中学得最好的。

小蒲松龄学习不但刻苦，还自有他的一套方法。他读书时见到赞叹喜爱的诗句，就把它誊抄下来反复揣摩，再把描写同样人物情景的诗句都摘抄下来，总结在一起，比较它们之间的异同，琢磨不同的描写手法。久而久之，蒲松龄积累了非常可观的阅读量，对写诗也有了自己独特的心得体会。这在他日后的写作实践中得到体现。

蒲松龄成长于明末清初，改朝换代带来的社会动荡贯

穿他的整个青少年时期。十九岁那年，蒲松龄第一次参加县里的科举考试就不负众望，连着夺下了县、府、道三试的第一名，考取了"秀才"。当时考试要求考生们按照所谓的"八股文"文体写作。这种文章有严格的格式和字数规定，极大地限制了考生的思维，也不容易测出考生的真实水平。蒲松龄考试那一年，山东省的主考官名叫施闰章。他除了是朝廷官员外，还是很有名的诗人。他本人并不喜欢八股文，所以想要把考题出得新颖一些，给考生比较大的发挥空间。

最后，施闰章定下考题——《蚤起》。这两个字语出《孟子》，是早起的意思，考生要从修身、齐家写到治国、平天下，方为切题。蒲松龄拿到考题后，思考了一下，就做出一个大胆的决定——他抛弃了八股文的一贯写法，描绘了人们白天早起不是为了劳作，而是蝇营狗苟、追名逐利的丑态。文章构思新颖、文笔出众，施闰章读后大为赞赏，欣然将他取为第一名。

名落孙山

蒲松龄连中三个第一后，为了继续备考，就住到家附近的青云寺专心读书。青云寺坐落在山谷之中，风景秀美，

平日里也非常清净。蒲松龄每天听着晨钟暮鼓，心境平和，别无杂念，经常读书不知不觉就读到深夜，短短时间内就有了长足的进步。

青云寺所在的山谷长满了桂树，到了桂花开放的时节，上香的百姓和观景的游客纷至沓来，青云寺变得热闹起来。蒲松龄被熙熙攘攘的人群带出了兴致，索性放下书本，出门闲游，随着人流边走边看，和身边的人说说笑笑，好不惬意。突然，他被一群围坐在一起的人们吸引住目光。原来，是一位老大爷正在讲故事呢！

蒲松龄好奇地走过去，跟着大家一起听起来。老大爷

讲的是人们口口相传的奇闻怪事，说的都是些仙神精怪，蒲松龄觉得既新奇又有趣。他默默地坐下来，听老大爷讲了一个又一个故事，从早上一直听到日落西山人群散去依然兴致不减。当天晚上，蒲松龄回到房间，将白天听到的故事都一一记录下来。这些书本上读不到的东西引起他极大的兴趣。此后，每当读书有了闲暇，蒲松龄就将这些故事润色加工，写成一篇篇奇诡生动的文章。蒲松龄自己对这些作品十分满意。他暗下决心，无论以后科举结果如何，自己前途怎样，都要广泛搜集这些有趣的故事，并将它们编写下来，把这些流传于民间的好故事讲给更多的人听。

时间过得很快，转眼就到了乡试的日子。蒲松龄本以为凭自己的才学，金榜得中是毫无疑问的。但他没想到的是，官场舞弊现象特别严重，没有背景、钱财，中举的机会非常渺茫。蒲松龄一连考了三次，都名落孙山。

辞官回乡

此时的蒲松龄已经三十岁，家中再也没有能力支撑他读书了。为了一家人的生计，蒲松龄开始找起谋生的工作。他有一位关系很要好的同乡，名叫孙蕙，正在宝应县做县令。孙蕙得知他的情况后，便提议他来为自己做幕僚。蒲

松龄想,这样既可以解决家中生计的燃眉之急,又能结识更多有才学的人,还能学习一些政务,一举多得,便答应了孙蕙的邀请。

蒲松龄来到宝应县后,虽然的确如他所想,结交了不少才子文人,但也深感自己没有用武之地。孙蕙只将他作为文墨笔杆,平日让他写写诗词,与别的文人往来应酬。蒲松龄觉得这样下去没什么前途,只是空耗时日。于是他来到孙蕙面前,向他请辞。

孙蕙非常不解,问他道:"是我有什么做得不好的地方吗?你在我这里,衣食无忧,薪水丰厚,能专心写诗,以后也有机会入朝为官,为什么一定要离开呢?"

蒲松龄一脸正色地答道:"我在您这里只负责写写文章,没什么大的用处,却拿着可观的薪俸,心里实在不安。我已经到了而立之年,却没有放弃参加科考的理想,我想我还是离开,继续努力专心治学的好。"

孙蕙非常惋惜,一再相留,但蒲松龄态度坚决,最终还是离开宝应县,回到了家乡。

教书研学

蒲松龄回到家乡后,在一户富裕人家找到一份教书的

文学大家

工作。从此,他开始了一边教书,一边精研学问的日子。当然,蒲松龄并没有忘记自己当初在青云寺立下的志愿,空闲时就怀着极大的热情投入到收集、采写民间故事中。为了搜集更多的素材,他在家附近的小路上摆了一个茶水摊。每当有路人经过,他就招呼人家坐下来歇歇脚、喝杯茶。当然,最好是能让路人顺便给他讲几个故事听听。这些路过的人来自五湖四海,遍布各行各业,讲的故事也是五花八门。故事里有神仙,有鬼怪,有妖兽,当然也有普通人。蒲松龄听得津津有味,回去后就将这些故事都整理出来,加工改写成一个个起伏跌宕的精彩故事。他的故事里有人情世故,也有爱恨纠缠,夸张诙谐却又合情合理,往往让人在笑声中感受到一些朴素的世事哲理。

蒲松龄这个教书先生一做就是四十年,清贫而充实的生活逐渐磨灭了他曾经热切的科考进身之心。虽然他为了改善家中的生活而勉力又试了几次,却依然没有得中。自此,蒲松龄彻底放弃科举的想法,没有再去考试,只在四十六岁时补为廪膳生,七十二岁补为贡生。他将后半生的全部热情都投入到写作。蒲松龄集几十年之功,将这些写好的故事汇辑成书,以自己写作、居住的地方为这本书命名,这就是名闻遐迩的《聊斋志异》。

《聊斋志异》

《聊斋志异》是蒲松龄的代表作品，全书共有400多篇。这些文章在奇闻志怪的外表下，凝聚着蒲松龄对社会、人生乃至人性的深层思考和情感表达。这些故事中有讽刺社会风气的，有揭露陈规陋习的，有表现官场倾轧的，当然也有展现人性美好的。蒲松龄将自己多年来的所见所闻和感触融入笔端，创造出一个个鲜活饱满、贴近民众的绝妙故事。

这本书在蒲松龄还没有完全写完的时候，就已经在民间流传开来。看过的人都感到非常新鲜有趣，蒲松龄的名气也逐渐地大了起来。当时著名的文学家王士祯在翻阅过《聊斋志异》后，非常赞赏、叹服蒲松龄的才华，还专门为他题写了一首诗：

姑妄言之姑妄听，豆棚瓜架雨如丝。

料应厌作人间语，爱听秋坟鬼唱时。

蒲松龄常年致力于民间的奇闻故事，对社会底层人民深感同情。他作品颇丰，除了《聊斋志异》，还写下1000多首诗、500多篇文章、100多首词，多数都是反映普通百姓生活的。

蒲松龄以他独特的笔法与深沉的情怀，在我国文学史

文学大家

上留下了一道亮丽的印记，也为我国古典小说的创作做出了巨大的贡献。

为民请命

蒲松龄一生参加过数次科举考试，都无功而返，兼济天下的抱负没有得到施展，但他依然把百姓民生放在心头，多次为民发声，丝毫不畏惧朝廷权贵。

蒲松龄在离开宝应县后，与孙蕙仍然保持着书信往来。后来，孙蕙步步高升，官越做越大，被调去了外地。一次，蒲松龄在与人闲谈时聊到孙蕙，发现大家都有些欲言又止。他心下奇怪，就问了起来。大家互相看了看，终于，有个老人出了声："孙大人官越做越大，这官威也跟着涨上去喽！"

蒲松龄心里一惊，急忙追问道："这是怎么回事？请您详细地告诉我吧。"

老人叹了口气，一五一十地跟蒲松龄说了起来。原来，孙蕙虽然去外地做了官，但他还有不少仆人、家丁留在家乡。他青云直上，这些仆人也就跟着鸡犬升天，趾高气扬起来，在乡里横行作恶，欺压百姓，官府都拿他们没办法。孙蕙对这些家丁素来没有管束，老百姓的怨气自然也就越

来越大了。

蒲松龄听完后，严肃地说："我曾经与孙大人一起共事，他是个爱民如子的好官，我一直非常敬重他。他的家丁干出这样的丑事，真是让百姓寒心。我一定会设法规劝他，不能让这些恶奴继续这么横行下去了！"

他匆匆回到家，提起笔就给孙蕙写了一封信。信中，他一一列举出孙蕙家的仆人犯下的过错，诚恳地劝说道："大人素来以百姓为重，许多年来兢兢业业，如今却被这些恶奴败坏了官声。现如今家乡的大街上，提起您的名字，老百姓都叫苦不迭。难道这就是您为官一世所追求的吗？"

孙蕙接到蒲松龄的信后分外羞愧。他马上给家里捎去了信，严词要求仆人收敛行为，切不可再为祸乡里，欺压百姓。

诸如此类的事，蒲松龄做了很多次。他不畏权贵，常为百姓做不平之鸣，这虽然为他招来了"不合时宜"之类的评价，但他遵从本心，不折傲骨，赢得了百姓的爱戴与尊敬。

主要成就

蒲松龄集毕生精力创作的《聊斋志异》共有8卷，491

篇，40余万字。书中内容多由民间传说和野史轶闻组成。书中情节幻异曲折，跌宕多变，文笔简练，叙次井然，将各种妖神鬼怪赋予人格，并由此寄托作者的爱憎与理想。

这本书是中国文学史上成就最高的文言短篇小说集。它不仅集志怪传奇小说之大成，使短篇小说的艺术水平达到空前高度，而且同李杜的诗作、《红楼梦》等作品一起构成中国文学史上绵延不断的瑰丽高峰。

鲁迅先生在《中国小说史略》中指出，这本书是"专集之最有名者"；郭沫若先生赞蒲氏著作"写鬼写妖高人一等，刺贪刺虐入骨三分"；老舍评价《聊斋志异》"鬼狐有性格，笑骂成文章"。

作品欣赏

狼（其二）

一屠晚归，担中肉尽，止有剩骨。途中两狼，缀行甚远。

屠惧，投以骨。一狼得骨止，一狼仍从。复投之，后狼止而前狼又至。骨已尽矣，而两狼之并驱如故。

屠大窘(jiǒng)，恐前后受其敌。顾野有麦场，场主积薪其中，苫(shàn)蔽成丘。屠乃奔倚其下，弛担持刀。狼不敢前，眈眈(dān)相向。

少时，一狼径去，其一犬坐于前。久之，目似瞑，意暇甚。屠暴起，以刀劈狼首，又数刀毙之。方欲行，转视积薪后，一狼洞其中，意将隧入以攻其后也。身已半入，止露尻(kāo)尾。屠自后断其股，亦毙之。乃悟前狼假寐，盖以诱敌。

狼亦黠(xiá)矣，而顷刻两毙，禽兽之变诈几何哉？止增笑耳。

姓名／曹雪芹

名／霑

字／梦阮

号／雪芹、芹溪、芹圃

朝代（时期）／清朝

出生地／江宁（今江苏南京）

出生年代／约公元1715年

逝世年代／约公元1763年

主要成就／创作了中国四大名著之首的章回体长篇小说《红楼梦》

代表作品／《红楼梦》

曹雪芹，清代文学家，出身于没落的大官僚家庭，少年时代生活优越，后来家族被抄，逐渐败落。他历经多年艰辛，以自身成长的家族环境为背景创作的长篇小说《红楼梦》，是我国古典小说成就的最高峰，也是世界小说史上不可多得的佳作。

壹 生于清代大官僚家族，身世显赫，家境优渥。

贰 天资聪颖，但不喜经世理论，偏爱杂学著述。

叁 家逢巨变，发奋读书，参加科举，辗转谋生。

肆 虽生活拮据，仍秉性清高，不入画苑，不事权贵。

伍 在贫病交加中创作《红楼梦》，油尽灯枯。

身世显赫

曹雪芹出生于一个大官僚家庭。他的祖上本是汉人，世代居住在辽阳一代。明末战乱时期，他的先祖被满人俘虏，由此成为内务府包衣（即皇帝的家奴）。后来曹家人跟随清军一起入关，立下军功，成为功臣，地位得到极大的提升。曹雪芹的太祖母李氏是康熙皇帝的乳母，康熙对她感情至深。康熙在继位的第二年，就将李氏的丈夫曹玺册封为江宁织造，并规定这个职位可以由他家世袭下去。江宁织造负责向朝廷进贡衣物和布料，虽然品级不高，却是个名副其实的肥差。

曹玺去世后，他的儿子曹寅接替了他的官职，曹家也

文学大家

由此进入鼎盛时期。曹寅和康熙从小一起长大，康熙对他非常信任。康熙在位时曾经六次南巡，其中有四次都住在曹寅府上，对他的宠信可见一斑。

几十年后，曹寅年老去世，他的独子曹颙（yóng）继承了职位。但是曹颙身体很不好，仅仅三年后就病逝了。在他去世之前他妻子已经怀孕，后来生下一个儿子，这就是曹雪芹。在曹雪芹降生之前，康熙为了曹家不致败落，允许他们从曹寅的侄子中挑选一人过继给曹寅，继续承袭江宁织造一职。于是，曹雪芹的叔父曹頫（fǔ）便被过继了过来。

出生在这样的权贵之家，少年时代的曹雪芹锦衣玉食，生活非常优越。全家人都把他当作宝贝，从一出生就有成群的丫鬟、小厮照顾他的起居。与此同时，叔父对他的教导也十分严格。从四岁开始，曹雪芹就跟随家中请的老师识字；稍大一些则开始学习四书五经，练习写作八股文。曹雪芹天资过人，聪颖异常，学得相当快，家人都非常欣慰，也对他寄予厚望，希望他能继承曹家官宦世家的传统，长大后在官场上有一番作为。

但是，曹雪芹是个"叛逆"的孩子，他对经世理论没什么兴趣，反而很喜欢看些杂学著述，诸如有关药材、花卉、食物、茶道、戏曲等方面的书籍，尤其是诗赋、小说、戏文，

了不起的中国历史人物

他读起来觉得妙趣无穷，经常一头扎在这些书中，看得废寝忘食。叔父对他这种"不务正业"的做派非常生气，经常耳提面命地要他专心读书，但是小雪芹都是当面应承下来，转身就扔到脑后去了。

文学大家

家逢巨变

这样的日子过了十几年，少年曹雪芹虽然偶尔也为叔父的教训烦心，但大体上过得还是十分安逸的。然而，天有不测风云，在曹雪芹十三岁这年，曹家突然被皇帝抄了家。

原来，曹家世居江南，天高皇帝远，权力又非常大，所以生活极其豪奢，再加上康熙皇帝南巡时常居住在曹家，接待圣驾也要花费不少银钱，所以早在曹寅还在世的时候，就有过挪用公款导致织造账目亏空的情况。等到曹𫖯接任后，亏空数额更是越来越大。

当时对曹家恩宠有加的康熙皇帝已经去世，继位的雍正皇帝本来就对曹家的挥霍心怀不满，得知账目亏空这一消息后更是十分震怒，责令曹𫖯必须在三年内将亏欠的钱款如数补足。曹𫖯焦头烂额，一边忙着筹措银钱，一边还要谨慎应对皇帝的不满和挑剔。然而在这样的战战兢兢之下，曹𫖯还是被雍正抓到错处。三年还没到，曹𫖯就因办事不力再次触怒雍正，被革职抄家。

一夕之间遭逢巨变，世事无常给少年曹雪芹纯真的心灵留下了难以磨灭的烙印。曹家从此走向败落，全家只得从南京迁回北京，过起了清苦的生活。

此时，曹雪芹成为全家的希望，家里人都希望他能够发奋读书，有朝一日在科举中考取功名，重振家业。但是曹雪芹依旧对那些死板教条的八股文没有好感。他一有空闲，就捧起祖父留下的各种"杂书"读得不亦乐乎，小说、剧本，他越看越喜欢，越看越觉得四书五经枯燥乏味。可是身背家族的希望，曹雪芹还是勉为其难地参加了考试，并且不负所望考取了贡生，可以去国子监继续学习。国子监是封建科举时代的最高学府，在清代，这里的教育尤为严苛。曹雪芹很不适应这样毫无生气的环境，经常溜出去看戏，与当时人们认为是"下九流"的戏子交朋友，甚至自己也上台演出。

过了没多久，曹雪芹的行为就被曹頫得知。他大发雷霆，将曹雪芹狠狠地教训了一顿，还把他关进房间，罚他面壁思过。正是在这段被禁足的日子里，曹雪芹写出了自己生平的第一部小说——《风月宝鉴》。这部作品以他家族的经历为蓝本，描述了一个贵族家庭如何从繁盛走向败落。这部小说的大部分内容后来都被收入《红楼梦》里，成了这部旷世巨著最初的框架。

就这样过了几年，曹雪芹对仕途越发厌恶，后来也没有继续参加科举考试。为了生计，他曾在专为皇室贵族子弟设立的宗学里担任抄写的工作。但是，宗学的环境刻板

沉闷，曹雪芹始终无法适应。尽管他在这里结交了不少性情相投的好友，但最后还是离散了。

不入画苑

除了能诗善文，曹雪芹还画得一手好画，尤其是他画的竹和石，落笔精妙，画意疏阔，在当时相当有名。

离开宗学之后，由于生活拮据，曹雪芹不得不时常画一些画卖了换取家用。当时有个叫董邦达的官员，非常热衷于收集曹雪芹的画，甚至想把他推荐到皇家画苑去。皇家画苑是专为宫廷里的达官贵人作画的地方，薪俸很高，而且有很多机会可以被皇帝和高官赏识。董邦达满以为，曹雪芹如今生活艰难，画苑的条件又这样优厚，必定不会拒绝。于是，董邦达找到了画苑中的一个画家，同时也是曹雪芹的好朋友，名叫王南石，让他向曹雪芹传达自己的心意。

王南石听后，心里却非常为难。他了解曹雪芹的性格，画苑这样侍奉权贵的地方，曹雪芹一向嗤之以鼻，他又怎么会愿意来呢！王南石向董邦达说明了自己的担心，董邦达却毫不在意，对他说："曹雪芹如今都要吃不饱饭了，能有这么好的去处，他哪会不干？"

王南石看董邦达的态度这么坚决，只好硬着头皮去找曹雪芹。不出所料，曹雪芹毫不犹豫地回绝了董邦达的提议。他客气地对王南石说："谢谢两位的好意，但是恕我不能接受。"

王南石又锲而不舍地劝了半天，曹雪芹脾气可上来了，站起身来，不悦地对他说道："烦请您回去转告董大人，曹雪芹做不了阎立本。"说完就转身离开了。

董邦达碰了个钉子，又气又怒。曹雪芹本就是被抄家的罪臣之后，居然还如此清高，"不识好歹"，于是被扣上一顶"蔑视朝廷"的帽子，被削去了旗人的待遇，失去了原来可以按月领取的生活费用。从此，他原本清苦的日子更加雪上加霜了。

投身创作

困顿之下，曹雪芹看尽这社会的冷眼，曾经亲友的凉薄、权贵的欺压、生活的艰难一起袭来，使他再也不复少年时的天真。他决心要重写当初的旧作《风月宝鉴》，以自己的一支笔来书写这世间的冷暖。

此后，曹雪芹就将全部的心血投入到写作之中。为了节省开支，他带着家人迁居到郊外的西山附近，住在山脚

文学大家

下的几间茅草房里,屋里称得上家具的只有一张床、一张桌和一条板凳,可谓名副其实的家徒四壁。生活窘迫,曹雪芹卖画的收入也只够糊口,一家人经常靠喝粥果腹。然而,曹雪芹并没有被这样的困境压垮。他每天面对着院中的修竹、鲜花,看着门外的幽林小径,反而感受到了一种繁华城市中不可多得的恬静。他铺展开纸张,将脑海中一个个鲜活的人物、跌宕的故事都一一记录下来。

那是个怎样的故事啊!描绘着如梦似幻的烈火烹油,止不住大厦将倾的悲切离散,通篇掩映着他生命中的往日云烟。每当曹雪芹提起笔,就仿佛与书中人共同经历着人生的起落悲欢。他对他们的遭遇感同身受,常常情不自禁地激动或伤怀。他全情投入到创作之中,每时每刻都在脑海中揣摩。偶尔灵感闪现,文思泉涌,无论他身在何处,都会在第一时间用随身携带的纸笔记录下来。家人和朋友起初都对他这"痴狂"的样子感到奇怪,久而久之也就习以为常了,甚至在读过他的书稿后对他由衷地佩服起来。

油尽灯枯

曹雪芹呕心沥血,经过将近十年的努力创作,终于完成书的初稿,这就是被誉为中国古典小说巅峰之作的《红

楼梦》。这部书约有一百一十回，共一百多万字，架构极其庞大。虽然曹雪芹在这部书上花费了许多时日和心血，但是他仍嫌初稿粗糙。于是，他决定继续将全书细细地推敲，精心地修改。

谁知，写作还没有最终完成，不幸就接二连三地降临。长期贫困的生活夺去了曹雪芹妻子的健康，使她在贫病交加中去世。但命运的魔爪并没有放过曹雪芹，它在这如泥淖一般的困境里，向曹雪芹发来最后一击。当时，京城流行一种名为"天花"的病。这种病大多在小孩子间传染，一旦染上就很难救治。曹雪芹的小儿子不幸被传染了。他无可奈何，只能眼睁睁看着儿子的病势一天天加重。到了秋天，孩子还是夭折了。曹雪芹失去了世上最后一个与自己血脉相连的亲人，遭受了极度沉重的打击。他沉湎在悲痛中不可自拔，只能靠喝酒麻痹自己，排遣心情，本就病弱的身躯就这样一天天地垮了下去。

这一年的冬天，曹雪芹终于一病不起。除夕这天，家家户户都在燃放爆竹，除旧迎新，曹雪芹却迎来了油尽灯枯的时刻。他走完了自己四十八年的人生，留下了一部尚未完成的惊世巨著，带着满心不甘离开了人世。

文学大家

【战国】屈原 【西汉】司马相如 【东晋】陶渊明 【唐朝】李白
【唐朝】杜甫 【唐朝】韩愈 【唐朝】白居易 【北宋】苏轼
【南宋】陆游 【南宋】辛弃疾 【清朝】蒲松龄 【清朝】曹雪芹

主要成就

曹雪芹对于古典文学的创作做出了巨大的贡献。他创作的《红楼梦》规模宏大、结构严谨、情节复杂、描写生动，塑造了众多具有典型性格特征的艺术形象，被公认为中国

古代长篇小说的巅峰之作,在世界文学史上占有重要地位。曹雪芹为中华民族、为世界人民留下了宝贵的文化遗产和精神财富,对后世作家的创作影响深远,甚至围绕着《红楼梦》这部书形成了一种专门的学问——红学。

作品欣赏

红楼梦（节选）

贾母因问黛玉念何书。黛玉道："只刚念了《四书》。"黛玉又问姊妹们读何书。贾母道："读的是什么书，不过是认得两个字，不是睁眼的瞎子就罢了。"

一语未了，只听院外一声脚步响，丫鬟进来笑道："宝玉来了！"黛玉心中正疑惑着这个宝玉不知是怎生个惫懒人物，懵懂顽童。心中正想着，忽见丫鬟话未报完，已进来了一位年轻的公子。头上戴着束发嵌宝紫金冠，齐眉勒着二龙抢珠金抹额；穿一件二色金百蝶穿花大红箭袖，束着五彩丝攒花结长穗宫绦，外罩石青起花八团倭缎排穗褂；登着青缎粉底小朝靴。面若中秋之月，色如春晓之花，鬓若刀裁，眉如墨画，脸似桃瓣，睛若秋波。虽怒时而若笑，即瞋视而有情。项上金螭璎珞，又有一根五色丝绦系着一块美玉。黛玉一见，便吃一大惊，心下想道："好生奇怪，倒像在那里见过一般，何等眼熟到如此。"只见这宝玉向贾母请了安，贾母便命"去见你娘来"，宝玉即转身去了。一时回来，再看已换了冠带：头上周围一转的短发都结成小辫，红丝结束，共攒至顶中胎发，总编一根大辫，黑亮如漆。从顶至梢，一串四颗大珠，用金八宝坠脚；身上穿着银红撒花半旧大袄，仍旧带着项圈、宝玉、寄名锁、护身符等物；下面半露松花色撒花绫裤腿，锦边弹墨袜，厚底大红鞋。越显得面如敷粉，唇若施脂，转盼多情，语言常笑。天然一段风骚，全在眉梢；平生万种情思，悉堆眼角。看其外貌最好，却难知其底细。后人有《西江月》二词，批宝玉极合，其词曰：

"无故寻愁觅恨，有时似傻如狂，纵然生得好皮囊，腹内原来草莽。潦倒不通世务，愚顽怕读文章。行为偏僻性乖张，那管世人诽谤。

富贵不知乐业，贫穷难耐凄凉，可怜辜负好韶光，于国于家无望。天下无能第一，古今不肖无双。寄言纨绔与膏粱，莫效此儿形状。"

贾母因笑道："外客未见，就脱了衣裳，还不去见你妹妹。"宝玉早已看见多了一个姊妹，便料定是林姑妈之女，忙来作揖，厮见毕，归坐。细看形容，与众各别：两湾似蹙非蹙笼烟眉，一双似喜非喜含情目。态生两靥之愁，娇袭一身之病。泪光点点，娇喘微微。闲静时如娇花照水，行动处似弱柳扶风。心较比干多一窍，病如西子胜三分。宝玉看罢，因笑道："这个妹妹，我曾见过的。"贾母笑道："可又是胡说。你又何曾见过他。"宝玉笑道："虽然未曾见过他，然我看着面善，心里就算是旧相认识的，今日只作远别重逢，亦未为不可。"贾母笑道："更好，更好。若如此更相和睦了。"